歴史文化ライブラリー

313

古代の都は
どうつくられたか

中国・日本・朝鮮・渤海

吉田 歓

吉川弘文館

目次

都をつくる――プロローグ

もし王様だったら

読者の皆さんがもし王様や女王様で、ある日大臣から真っ白い紙を渡されて、陛下の都を作りますからお好きなように設計図をお書き下さいと言われたらどうするだろうか。私なら脳天気なので、さようかと言いながら初めに自分の家、つまり王宮を書き込んでみて、それから道が必要かなと思って王宮から道を何本か延ばして、さらに家来たちはこの辺に住まわせて、といった具合に白紙が埋まっていくかもしれない。しかし、読者の中にはちゃんと先行事例を調べることから始める方もいるだろうし、自分の都のコンセプトをまず考えてから設計する方もいよう。

古代日本の為政者たちも都作りを進める際、先行事例として中国の都を参考とした。奈良の平城京や京都の平安京が唐の長安城《ちょうあんじょう》をモデルにしていたことは学校でも教えられている通りである。碁盤目状の町割りや礎石建ちで瓦葺きの宮殿、京内に東市・西市を対称的に配置し、中央を朱雀大路《すざくおおじ》が南北に貫通していることなど、いずれも唐の長安城を真似したものである。

古代の日本は遣唐使を派遣して唐の進んだ文化を摂取しようとしていた。都の形も同じように中国の都を真似したと考えられている。しかし、こうした理解は大きくは間違ってはいないが、実態はもっと複雑なのである。

中国の都

中国の都の特徴の一つは、都全体を城壁で囲んでいることである。そこで中国の都は「都城《とじょう》」と呼ばれている。都城全体を城壁で囲むということは外敵に対する防備を重視していたことを意味している。

それに対して日本の平城京も平安京も全体を囲む城壁は結局作られることはなかった。ただ南正面中央の羅城門《らじようもん》の両脇のみに築地塀《ついじべい》などの羅城が築かれていただけであった。つまり、日本では唐の長安城を真似したとは言っても、実はその全てをそっくりそのまま真似したわけではなかったのである。その一部だけを取り入れていたわけである。それはどういうことだろうか。

都の決定版

中国文明の早熟さには目を見張るものがあるが、都城についても同じである。しかし、中国の歴史の中で変化したり展開することが全くなかったわ

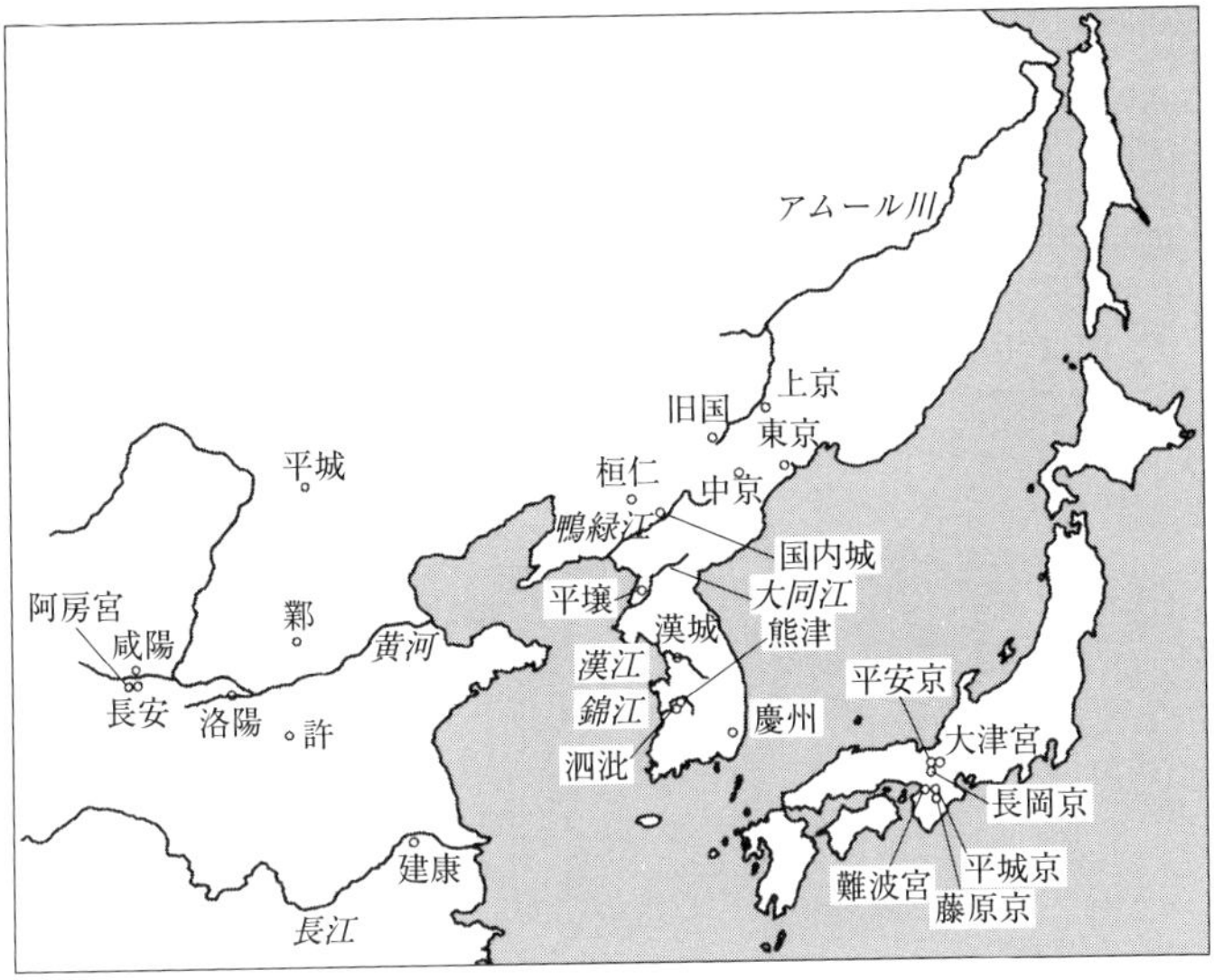

図1　古代東アジアの都城

けではなく、後に紹介するようにさまざまな展開を経て、究極の帝国型都城が誕生する。それが隋唐の長安城であった。まさに都城の決定版、古代東アジアにおけるグローバル・スタンダードを提示したことになる。

古代東アジア諸国は、強弱はあったにしても中華帝国の存在を無視することはできなかった。その中国で都城のグローバル・スタンダードが出現したのである。当然、無縁ではいられない。日本で平城京が造営されたように朝鮮三国や渤海《ぼっかい》といった国々でもこれを等閑視することはできなかった。だが、日本も含めてそのままそっくり真似したわけではなかった。それぞれの事情によって少しずつ対応が異なっていた。グローバル・スタンダードに盲従していたわけではなかったのである。

しかし、それは当然であった。それぞれの国にはそれぞれの歴史的背景が厳然と存在するのであり、その上で都が造営された。逆に隋唐長安城も中国の歴史の中から生み出されたものであり、全ての国や地域にもそのまま適用できるものとは限らないのである。それが現実の世界であった。本書ではそれぞれの都作りを、それぞれの個性を大事にしながら追っていくこととしたい（図1）。グローバル・スタンダードと称されるものも、しょせんはある個別的な歴史的背景の中から生まれたに過ぎないのである。

中華帝国の都

理想の都

都城のイメージ

古都として観光客を集めている奈良や京都が、もともとは奈良が平城京、京都が平安京を母体としていることはよく知られている。そして、奈良の平城京が唐の都である長安城をモデルとしていたことも周知の通りである。つまり、現在の私たちが古代の都としてイメージするのは、奈良の平城京であり、そのルーツは唐の長安城ということになろう。シルクロードで遠く西域とも交流を持ち、爛熟した文化の中心としての国際色豊かな唐の長安のイメージが浮かんでこよう。

それでは唐の長安について、具体的にどのようなかたちを思い浮かべるであろうか。詳しいことは後に述べるとするが、概要だけ先に説明すると、おおよそ以下の特徴を指摘できよう。

まず都全体に碁盤目状の町割りがなされている点があげられる。これは日本の平城京も平安京も同様である。次に都の中央北詰に皇帝の居所である太極宮《たいきょくきゅう》という宮城《きゅうじょう》があり、その南に接して官庁街の皇城《こうじょう》が置かれていた。この点も少し形を変えて日本の平城京なども真似をしている。さらに、この宮城・皇城からまっすぐ南に向かった朱雀門街《すざくもんがい》（大街《たいがい》）というメインストリートが通されていた。これも平城京などに朱雀大路として受け継がれている。

このように唐の長安はメインストリートである朱雀門街を中心として、その頂点とも言うべき北詰に宮城と皇城を配置して、左右対称に碁盤目状の町割りを施すという、きわめて整然とした合理的な設計思想に基づいていたのである。まさに大唐帝国の首都としての威容を誇っていたと思われる。私たちが普通に思い描く古代都城のイメージというのは、まさにこのような整然とした構成の唐の長安城ではなかろうか。しかし、実際には中国の古典的な理想の都イメージと唐長安城とは大きくかけ離れていたのである。つまり、中国のもともとの理想上の都の形と唐長安城とはまったく異なっていたのである。

『周礼』考工記

唐の長安城が中国における理想上の都の形と異なっていたとすると、中国の理想の都とはどのような形なのであろうか。

中国の理想上の都を記したものに『周礼《しゅらい》』考工記《こうこうき》がある。『周礼』とは『周官《しゅうかん》』とも称され、中国古代の周王朝の官制をまとめた書物とされるものである。官は天官・地官・春官・夏官・秋官・冬官の六つからなっているが、冬官の部分が欠失しており、考工記によって補われている。

『周礼』は儒教の経典の一つとして重視され、古代中国の理想の王朝である周王朝の時代の官制をまとめた書とされる。しかし、その来歴は必ずしも明確ではない。周王朝の制度文物を整えて王朝の基礎を固め、後世、孔子が理想の聖人と尊んだ周公旦《しゅうこうたん》がまとめた書物と言われるものの、前漢の時代に発見されており、戦国時代の作と考えられている。このように出所に不明瞭なところがある書物ではあるが、後漢以降、儒教の経典として非常に重視されることとなる。後にも詳しく触れることになるが、南北朝末期の北周《ほくしゅう》という王朝は、まさに周という王朝名を採用しただけではなく、現実にも『周礼』に基づいた制度や宮城を整えてしまったほどである。すなわち、そもそもの出所はとても曖昧なのにもかかわらず、理想の王朝である周の制度をまとめた書物として、後世に大きな影響力を発揮することになった。

理想の都

このように来歴にやや問題がある『周礼』ではあるが、中国の歴史の中ではきわめて重要な意味を持ち、理想の王朝の姿を描いていると考えられてきたところに意義がある。その一編目である考工記に都の形が簡単に述べられている。しかし、実は先述のように本来あるべき冬官という編目は欠落しており、かわりに補われたのが考工記であった。つまり、考工記そのものは『周礼』本来の編目に含まれていたわけではなかったのである。このことからすれば、そこに描かれた内容についてはそれほど重く受け止められるものではなかったはずである。しかし、考工記も『周礼』の一部として、後世重要視されていくのである。これから述べていく都城のかたちについても、考工記はとても重要な歴史的役割を果たしていくこととなる。

それでは考工記に描かれた都のかたちとはどのようなものであろうか。該当する箇所を書き下し文で示すと以下のようになる。

匠人《しょうじん》、國を営むこと、方九里、旁《かたがた》三門、國中は九経九緯、経涂《けいと》は九軌《き》、左に祖、右に社、面《おもて》は朝、後は市、市朝は一夫なり、

『周礼』考工記の記述は大変簡単で右のようなことが述べられているに過ぎない。内容をわかりやすく解釈すると、以下のようになる。ただし、その解釈については中国においても古くからいくつかの解釈があるが、ここでは標準的なものに則って説明する。

まず匠人とは大工という意味で、いわゆる技術者のことである。その匠人が「國」を造営する際の標準型を述べているのである。この「國」とは、現在私たちがイメージする国家ということではなく、この場合は都城のことを指している。すなわち「國」の字の

「囗」は四方を城壁で囲まれている土地を意味しており、その中に「或」が含まれているという字なのである。そして、「或」とは「くにさかい」という意味もあるが、武器である「戈《ほこ》」でもって、四方を境界で囲んだ土地である「囗」を守ることを意味し、さらに土地を表す「一」を加えた文字である。すなわち、一定の土地を城壁で囲んだ方形の都城を意味しているのである。そして、その都城のかたちは、一辺が九里の方形をしており、それぞれの辺には三つずつの城門が設けられて、城内には縦九本、横九本の道路が通じていた。さらに縦の道路の幅は車の轍《わだち》の九つ分の幅とすると述べられている。また、おそらく中央に宮室が置かれており、その左である東方に祖廟《そびよう》を配置し、右になる西方には社稷《しやしょく》を祀る施設が置かれるとしている。ここに見える祖廟とは先祖を祀ってある御霊屋《みたまや》を指し、社稷とは社が土地の神で、稷が五穀の神を指している。つまり、宮室の東方に先祖を祀る祖廟、西方には土地と五穀の神を祀る社稷壇という施設を配置するものと述べているのである。

さらに宮室の「おもて」である南に朝庭を置き、後方である北には市場を設けるとしている。朝庭とは政務を執る空間を指しているが、その朝庭と市場の広さは一夫という面積であったとしている。

『周礼』型モデル

『周礼』考工記に描かれた都城とは、以上に見たようなものであった。とても説明が簡潔であり、基本的なモデルを提示したものに過ぎない。そのため解釈もいくつかの可能性を残すこととなっている。たとえば縦と横の道路が、それぞれ九本ずつとしているが、次の二通りの解釈が存在する。一つは文字通り城内を南北九本、東西九本の道路が走っていたとする解釈である。もう一つは都城の四辺それぞれに三つずつの城門が開いていることから、それぞれの門に三本ずつの道路が通じていて、それが三門あるので合計九本の道路が東西方向と南北方向とに通っていたとする考え方である。ここでは後者の説に従って図を掲げておく（図2）。

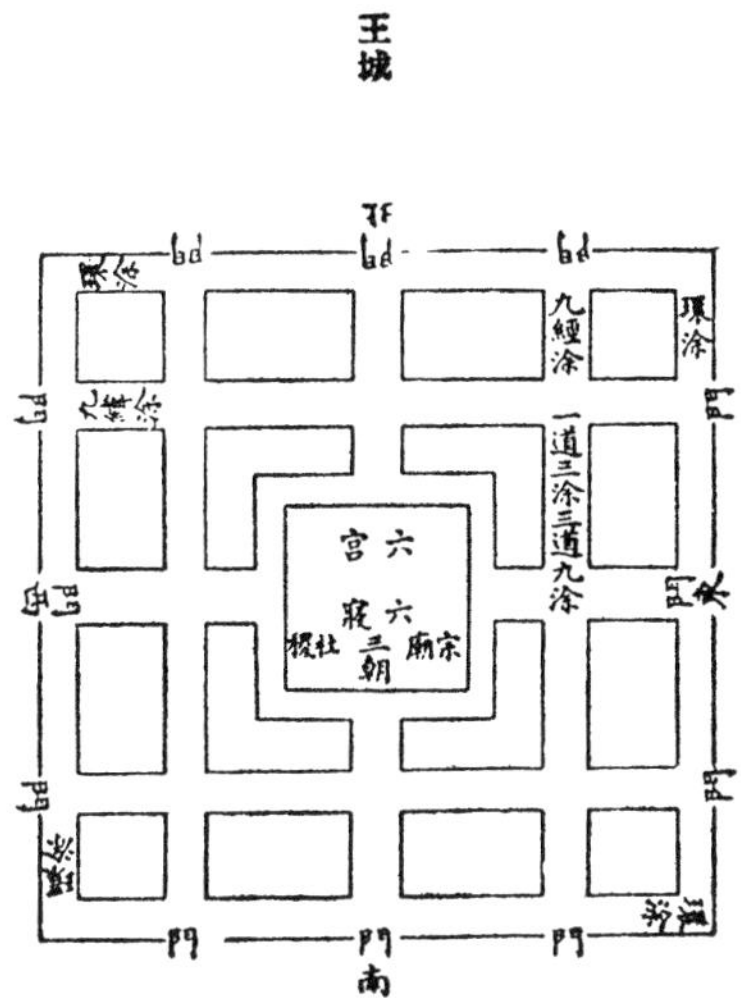

図2　『周礼』型都城
（戴震『考工記図』所収）

この概念図のように、『周礼』考工記に描かれた都城は四方を城壁で囲まれ、各辺に三つの城門が開かれ合計一二の門を持っており、中央に宮室を配置して碁盤目状に町割りが施されていたことがわかる。そして、宮室の東西に祖廟（宗廟《そうびょう》）と社稷が置かれ、南に朝庭、北に市場が配置されていたということになる。

このような『周礼』型都城のイメージは、後世に『周礼』が理想的な王朝である周王朝の制度を記した書物として重視されていくとともに、同様に理想の都として受容されていくこととなる。まさに中国における理想の都と言える。しかし、実際に作られた都城で『周礼』型と言えるものは存在しなかった。あくまでも理念的なものであった。

三朝制

周代の宮室の構造は、五つの門（諸侯は三門）と三つの朝廷からなる、いわゆる三朝五門制であったとされる。この宮室スタイルは『周礼』や『礼記《らいき》』などからうかがい知ることができる。『礼記』は周代に遡る儀礼をまとめた書物とされ、『周礼』『儀礼《ぎらい》』とともに三礼《さんらい》として重んじられていた。

五門は外から皐門《こうもん》、雉門《ちもん》、庫門《こもん》、応門《おうもん》、路門《ろもん》の五つで、路門の内側には六つの寝殿があった。その中の大きな正殿が路寝《ろしん》で、その他を小寝《しょうしん》と呼んだ。しかし、実際には三門しかなかったという説もあり、後世の注釈もさまざまで統一的な理解を得ることはとても難しい。

三朝も解釈が難しいが、一般的には内側から燕朝《えんちょう》、治朝《ちちょう》、外朝《がいちょう》の三つからなるとされる。燕朝が路寝、治朝が路門外、そして、一番外に外朝があったと考えられる。それぞれの機能についても難しい問題を含んでいるが、大雑把に捉えると、燕朝が天子が政治を視る場、治朝が天子が臣下を朝見する場、外朝が国民と向き合う場と理解される。

しかし、話はさらに複雑で、どうもこうした理解とは別に内朝、中朝、外朝という組み合わせも併存していた。しかも二つの三朝はうまく対応していないようなのである。全ての史料や注釈を矛盾なく解釈することは困難だが、大まかに理解すると、両者は次のような対応関係にあったと推測される。内朝は皇帝の生活空間で小寝にあたり、中朝は政治を視る場で燕朝にあたり、外朝は門外の参集者を朝見する場で治朝にあてはまると考えられる。

このように三朝制には二つの組み合わせがあったが、現実の宮室もそうであったのかどうかは別問題である。合致しそうな事例もあるが、やはり周代の理念的な宮室構造として観念されていたのであろう。しかし、この理念上の三朝制は後世大きな意味を持つことになる。

前漢の長安と後漢の洛陽

始皇帝の都

長い戦国時代に終止符を打って、中国の統一を成し遂げたのが秦の始皇帝であった。始皇帝は自ら「皇帝」という新しい称号を生み出すとともに、万里の長城の築造や自らの陵墓の兵馬俑坑などでよく知られている。その始皇帝が自分の権威の象徴として改造した都が咸陽《かんよう》である。始皇帝は、この咸陽を大々的に改造して壮大な宮殿群を建設していったのである。

咸陽は現在中国陝西《せんせい》省《しょう》咸陽市の市街から東に約一〇キロ《キロ》のところに展開し、南は渭水《いすい》に接している。秦が咸陽に都を遷したのは始皇帝の時代より前で、秦の孝公一二年（紀元前三五〇）に、孝公が都を咸陽に作り、闕《けつ》という宮殿の門の両側に、それぞれ台を作って楼閣を建てる形式の門を造営して遷ったとされる（『史記』巻五、秦本紀孝公一二年条）。しかし、同じく『史記』巻六、始皇本紀には孝公一三年に「はじめて咸陽に都した」とも見えることから、あるいは孝公一二～三年にかけて造営し遷都したとも考えられる。

この後、始皇帝は中国統一を目指して戦いを続けていくのであるが、その過程で諸侯を滅ぼすと、その諸侯の宮室を模倣した宮殿を咸陽の北の斜面に造営していった（『史記』巻六、秦始皇本紀）。

さらに始皇帝は、二七年（紀元前二二〇）には渭水をわたった南に信宮《しんきゅう》という宮殿を建設し、極廟《きょくびょう》と称させ、その形は天極《てんきょく》を象《かたど》っていたとされる（『史記』巻六、秦始皇本紀、二七年条）。それだけではなく三五年（紀元前二一二）には、咸陽は人口が多く、先王の宮廷は小さいことから周の文王が都とした豊《ほう》や武王が都とした鎬《こう》のあったあたりが帝王の都であるとして、新しく朝宮という宮殿の造営に着手した（『史記』巻六、秦始皇本紀、三五年条）。朝宮は渭水の南の上林苑《じょうりんえん》という広大な苑地の中に建造され、まず前殿《ぜんでん》阿房《あぼう》は阿房前殿とも呼ばれ、東西五〇〇歩（約七〇〇メートル）、南北五〇丈（約一二〇メートル）の規模で、宮殿上には一万人を収容することができる巨大な宮殿であった。周囲は閣道《かくどう》という二階作りの廊下がめぐっており、宮殿からそのまま南方の終南山まで行くことができ、終南山の嶺を門闕としていた。さらに複道《ふくどう》という同じく二階建ての廊下で北の渭水をわたって咸陽にいたることができた。そして、全体として天極の閣道を模していたとされる。

このように始皇帝によって造営された都は空前の壮大なスケールを持っていたと考えられる。まさに中国を統一し、はじめて皇帝と名乗った人物の都にふさわしい姿が想像される。

姿をあらわした宮殿群

『史記』をはじめとする文献史料からは、以上のような壮麗な咸陽宮の様子が浮かび上がってくるのであるが、実際の姿については明らかになっているとはまだまだ言えない。しかし、発掘調査はすでに約半世紀に及んでおり、いくつかの巨大な宮殿跡も調査によって確認されている。その一例として第一号宮殿遺址を紹介しよう。

第一号宮殿遺址は現在でも高さ六メートルの基壇を残しており、基壇の大きさは東西が約一七七メートル、南北が約四五メートルの規模を誇り、発掘調査が行われた西半部では東西六〇メートル、南北四五メートルの規模である。その基壇の上に主体となる殿堂が建てられていた（陝西省考古研究所『秦都咸陽考古報告』科学出版社、二〇〇四年）。現在でも六メートルの高さが残る基壇上に建つ宮殿の威容が容易に想像されよう（図3）。

咸陽宮では、この第一号宮殿遺址以外にも第二号・第三号宮殿遺址などが近接して建ち並び、それぞれ発掘調査が行われている。これらの調査の結果、秦の咸陽宮の特徴として、宮殿は基壇上に建てられており、それぞれが独立した殿堂を構成し、そして相互に廊下に

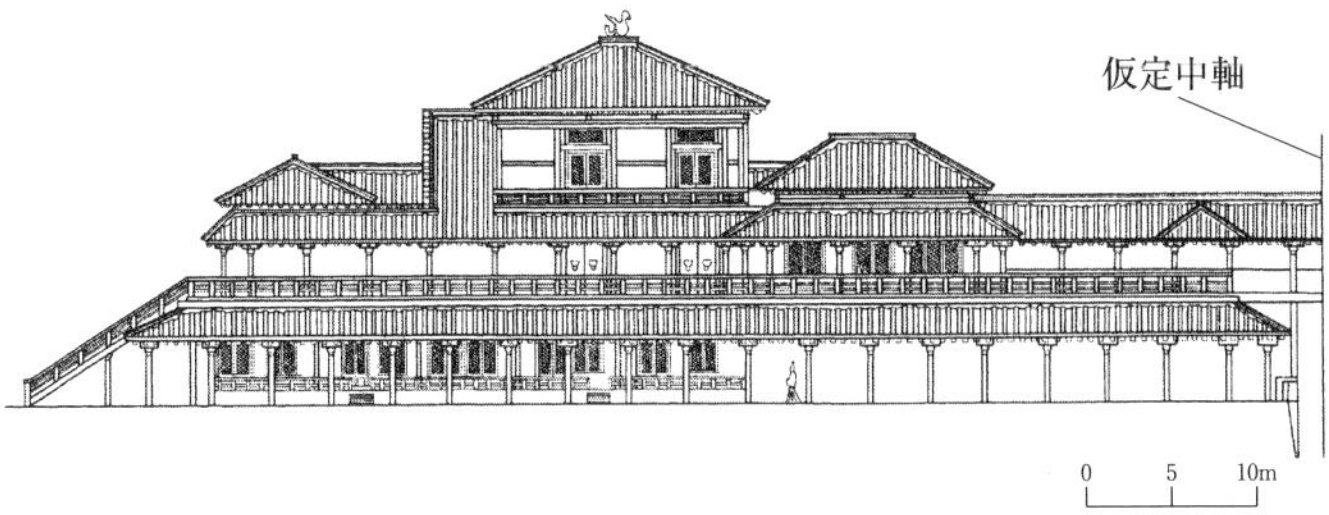

図3　咸陽宮第一号宮殿復元図
（陝西省考古研究所『秦都咸陽考古報告』〈科学出版社，2004〉所収）

よって連結されていたことが指摘される（雷従雲他『中国宮殿史』文津出版、一九九五年）。

始皇帝が新しく建造した阿房前殿が一万人を収容できるほどの巨大な宮殿であったことはすでに述べた通りであるが、ここに見える「前殿」とはどのような意味を持っているのだろうか。たとえば、諸橋轍次『大漢和辞典』によると、「正殿の前に在る御殿をいふ」と説明があって、まさに始皇帝が前殿阿房を作った史料として『史記』秦始皇本紀が例示されている。文字通り、正殿の前に位置する殿舎という意味で前殿と呼ばれていたと解釈されている。しかし、村田治郎氏は前殿とは正殿そのものを指していると指摘されている（村田治郎「前殿の意味」〈『日本建築学会研究報告』第一六号、一九五一年〉）。村田氏によれば、文献史料には○○殿と○○前殿という呼称がしばしば見られ、それらを集めて分析すると、○○殿と○○前殿は別々の殿舎ではなく同一の殿舎と考えられるという。つまり、前殿とは正殿そのもののことであったのである。阿房前殿とは阿房宮の正殿を指していたと理解される。こうした正殿である前殿に皇帝が出御し儀式や政務を行っていたということになる。

さて、阿房宮も信宮も『史記』によれば、天極を象っていたと記されている。次にこのことの意味について触れておきたい。

天極とは、『大漢和辞典』によると天極星という星座の名称で、天極星とは「北極星。天の中宮に当る」と説明されている。すなわち天極とは天極星のことで北極星を意味していることになる。天体が回転する中心となる北極星を象ったのが始皇帝の建造した宮殿群であったわけである。逆に言えば、始皇帝は自らの宮殿を世界の中心、宇宙の中心と位置付けていたことを意味している。

自らの宮殿を宇宙の中心である北極星になぞらえて地上に表現するという気宇壮大な構想のもとに建設されたのが信宮や阿房宮であった。このように皇帝の居所と北極星とが結び付けられたところに大きな意味があった。まさしく宇宙の都、それが始皇帝の宮殿であった。しかし、秦滅亡後は、このような観念は表面にあらわれなくなり、三国時代以降に違った形で復活することとなる。

咸陽の最期

紀元前二一〇年、始皇帝が没すると政情は不安定となり、紀元前二〇六年、秦帝国は滅亡した。咸陽に入城した劉邦《りゅうほう》は兵士たちによる略奪を恐れてすぐに咸陽から離れた。これと入れ違いに咸陽に入った項羽《こうう》は降伏した秦王子嬰《しえい》を殺害した上、咸陽の宮殿に火を放って略奪に及んだ。ここに始皇帝が築き上げた宇宙の都、咸陽は灰燼に帰したのである。

前漢の長安城

その後、項羽との戦いに勝利した劉邦は、紀元前二〇二年、諸王に推戴されて皇帝の位についた。ここに漢帝国が誕生した。

高祖劉邦は、はじめ洛陽に都を置いたが、臣下たちの意見に従って櫟陽《やくよう》に入った。櫟陽は戦国時代に秦が都としていた場所であった。そして、新しい都長安城の建造に着手した。漢の長安城は渭水の南で現在の西安市の北西約三キロのあたりに位置する。まず焼けずに残っていた秦の興楽宮《こうらくきゆう》を長楽宮《ちようらくきゆう》と名を改めて入り、さらにその西側に新しく未央宮《みおうきゆう》の建設を開始した。未央宮の建設を担当していた蕭何《しようか》に対して高祖は、天下がまだ治まっていないのに、このように度を過ぎた宮殿を作るとはどういうことか、と質したところ、蕭何は不安定だからこそ宮室を立派に作る必要があると答えた（『漢書』巻一下、高帝紀、七年二月条）。それほど未央宮は壮麗な宮殿であった。

未央宮や長楽宮などはできたものの長安城全体は高祖の時代には完全にはでき上がらなかったようで、二代恵帝の時代にも工事が継続して行われていた。『史記』と『漢書』では工事の時期に相違があるが、『漢書』巻二、恵帝本紀に従うと、恵帝元年（前一九四）正月、長安に城築くとあり、三年春には長安の男女一四万六〇〇〇人を徴発して長安に城を築いて三〇日で終わったとある。さらに六月には諸侯王と列侯の徒隷二万人を徴発し、五年正月には長安の男女一四万五〇〇〇人を徴発して長安に城を築いて三〇日で止めている。そして、九月に長安城成ると見え、完成したと推測される。

長安城のかたち

前漢の長安城についても約半世紀にわたる発掘調査の蓄積があり、おおよその形態がわかっている（図4）。

長安城の全体の形は方形ではなく、いびつであった。東辺と西辺は比較的直線となっているが、南辺と北辺はだいぶ入り組んだ形をしている。

外郭の城壁の長さは、東辺が約五九四〇メートル《メートル》、南辺が約六二五〇メートル《メートル》、西辺が約四五五〇メートル《メートル》、北辺が約五九五〇メートル《メートル》をはかり、版築による土壁となっている。各辺には三門ずつ、合計一二門が設けられていた。

外郭が屈曲していることについては、『三輔黄図《さんぽこうず》』巻一に、城南は星座の南斗の形に作り、北は同じく北斗の形に作ってあり、人々は漢の京城を「斗城《とじょう》」と呼んでいたと説明されている。しかし、この説には反論もあり、後から星座の形に基づいて設計されたと意味づけられたとする指摘もある。また、北を流れている渭水に沿って築かれたため北辺は屈曲した形になったとも言われている。これに対して那波利貞氏は先に宮室や市街地が形成されていて、その後に周囲を城壁で囲んだため屈曲が生じたと指摘している（那波利貞「支那都邑の城郭とその起原」〈『史林』一〇巻二号、一九二五年〉）。

長安城のいびつな外形については、以上のようにいくつかの解釈があり、難しい問題を含んでいる。確かに北辺は渭水の流路に沿うように城壁が築かれているようではあるが、この説明では南辺や西辺がなぜ屈曲しているのかを合理的には説明できない。また、一方の星座の形に合わせたという説明も、なぜ始皇帝のように天極星、つまり宇宙の中心である北極星を象らなかったのかが問われよう。やはり後世の附会の可能性を捨てきれないように思われる。他方、那波氏のように先に市街地や宮室が展開していたところを外郭が囲んだためとするにしても、東辺だけが直線的

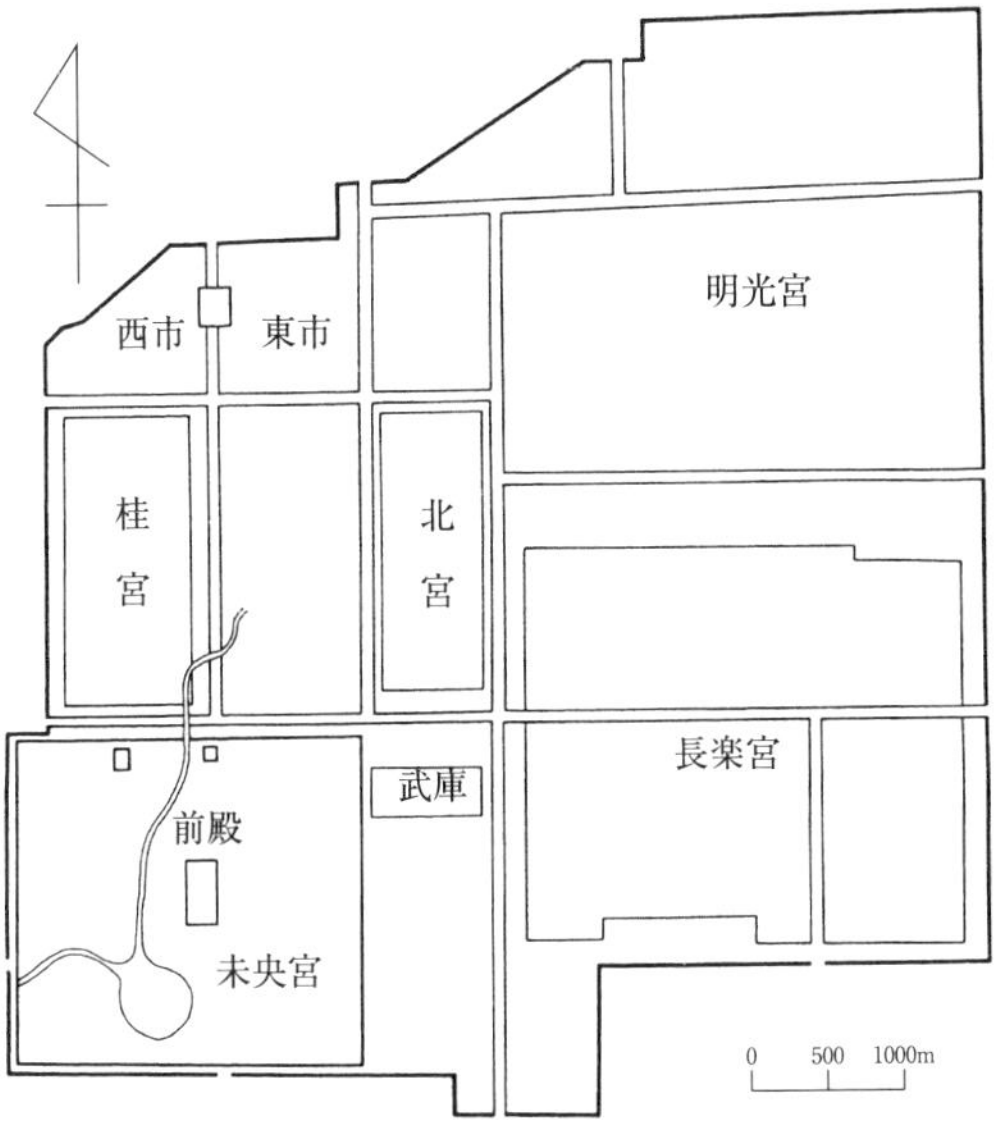

図4　前漢長安城（中国社会科学院考古研究所『漢長安城未央宮』〈中国大百科全書出版社，1996〉所収．一部改変）

になっていることを説明できるかどうかが問題となろう。

以上のように、長安城の外郭の形についてはまだ今後の検討に待つところがある。

未央宮の内部

前漢の長安城の内部は長楽宮・未央宮をはじめとする宮殿で多くの面積を占めている。そして、それらの宮殿は、後の隋唐長安城のように中央北詰に置かれているわけではなかった。皇帝の正宮である未央宮は長安城全体の西南に位置している。これについては楊寛氏は、戦国時代の都城と同様に「坐西朝東」、つまり宮殿を都城の西に配置する形式を継承したものと指摘している（楊寛著、西嶋定生監訳、尾形勇・高木智見共訳『中国都城の起源と発展』学生社、一九八七年）。

次に未央宮の内側を覗いてみよう（図5）。蕭何が未央宮を造営した際、一緒に東闕・北闕・前殿・武庫・太倉も建設された（『漢書』巻一下、高帝紀、七年二月条）。闕門が東面と北面に開かれ、正殿である前殿と武器庫の武庫、倉庫の太倉が建造されている。その他、皇后の宮殿にあたる椒房殿建築遺址、中央官署建築遺址など多数の建物遺構が発掘調査で確認されている（中国社会科学院考古研究所『漢長安城未央宮』中国大百科全書出版社、一九九六年）。

前殿の威容

未央宮の中心となる正殿が前殿である。前殿の巨大な基壇は現在もその姿を地表にとどめている。基壇は南北に長い長方形をしていて、南北が約四〇〇メートル、東西が約二〇〇メートルをはかり、基壇の高さは南が低く北に向かって高くなるが、北の高いところで一五メートルの高さを持っている。この巨大な基壇の上には南北に三棟の殿舎が建てられており、それぞれに前庭が付属していた。これら三棟のうち南端の建物が前殿、真ん中の建物が宣室《せんしつ》、北端の建物が後閣《こうかく》にあたると考えられている（『漢長安城未央宮』）。見上げるばかりの巨大な基壇上に、さらに三つの宮殿が建ち並ぶ様子は壮大であり、いかに見る者を圧倒する規模であったかが偲ばれる。

現在でもその巨大な基壇から圧倒的な威容を見る者に感じさせる前殿とは、どのような

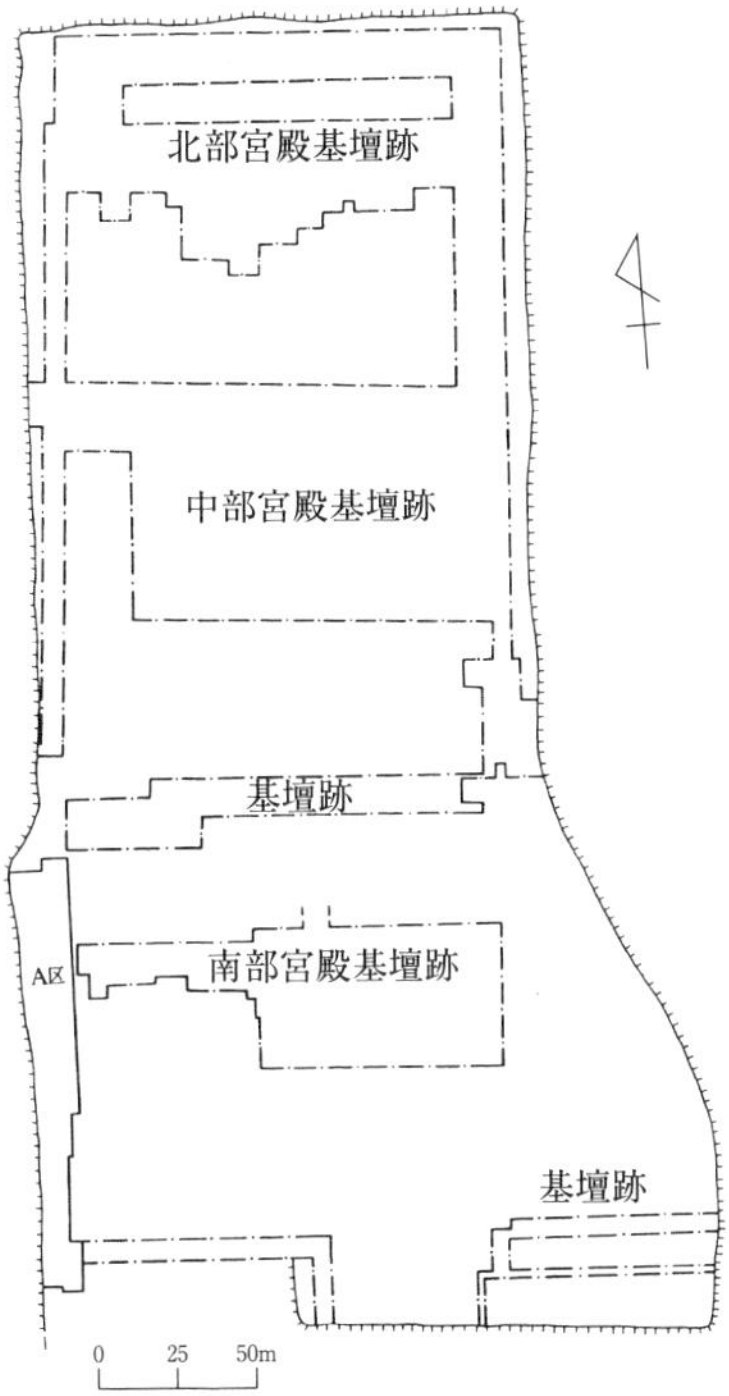

図5　未央宮前殿（中国社会科学院考古研究所『漢長安城未央宮』〈中国大百科全書出版社，1996〉所収．一部改変）

性格の建物であっただろうか。高祖九年（紀元前一九八）、未央宮が完成し、高祖劉邦は諸侯群臣を集めて謁見し、未央宮の前殿で大宴会を行っている（『史記』巻八、高祖本紀、九年条）。すなわち、前殿とは皇帝の下に参集した臣下たちが、その前に整列して皇帝に拝礼を行い、宴会を賜る場であった。参集した臣下たちが整然と列をなして立ち、皇帝に拝礼を一斉に行う姿は、まさに皇帝を頂点とする国家の形をあらわしていよう。前殿はそうした皇帝権威の象徴的な建物であったと言える。

前漢長安城の特徴

ここまで前漢長安城について、そのいびつな外郭線や未央宮の前殿について見てきたが、全体の様子に関しても見ておきたい。

長安城の内部には高祖の時に長楽宮が改築され、未央宮・北宮《ほくきゅう》が新たに建造された。そして武帝の時代に桂宮《けいきゅう》が造営され（『三輔黄図』巻二）、太初四年（紀元前一〇一）秋に明光宮《めいこうきゅう》が建造された（『漢書』巻六、武帝紀、太初四年秋条）。そして、北宮・桂宮の北に東市と西市があったと考えられている。これらの施設を除く空間に住宅地があったと推測されているが、この面積ですべてなのかどうかは議論のあるところである。『三輔黄図』の長安城中閭里《りょり》条では長安には閭里が一六〇あり、家々が密集していたと見え、里と呼ばれる区画が一六〇あったことになる。そして閭《りょ》とは里の門を意味していることから、それぞれの里は何らかの屏で囲まれて門を開いていたと推測される。しかし、具体的な様子については確認できてはいない。

以上に見てきたように、前漢の長安城は全体の形もいびつであり、内部も高祖の段階で長楽宮・未央宮・北宮が配置され、きれいな碁盤目状の町割りを構成していたわけではなかった。そして、主たる未央宮は都全体の西南に位置しており、楊寛氏の言う「坐西朝東」というスタイルとなっていた。つまり、先秦時代のスタイルを踏襲していたと解釈される。このような長安城の姿は、先に紹介した『周礼』型都城とは大きく異なるものと見ることができよう。前漢の長安城は、『周礼』が発見される前に作られた都城であることから、後世のように聖典化された『周礼』に縛られることはなかったのである。むしろ、それまでの現実の都城のスタイルを踏襲したと理解される。

前漢から後漢へ

前漢末、幼い平帝の後見役となった王莽《おうもう》は朝廷での実力を増大させ、ついに平帝を毒殺して宣帝の子孫の孺子嬰《じゅしえい》を皇太子とし、さらには孺子嬰を臣下の地位に落として自ら皇帝となり新王朝を開いた。こうして漢王朝から王権を簒奪した王莽が利用したのが周の故事であり、その政治も『周礼』に依拠したものであった。ここに『周礼』が政治的に大きな意味を持ちはじめたのである。つまり、王莽は自らが権力を握り、ついには劉氏の王朝を簒奪することを正当化するための根拠が必要であった。その拠り所として『周礼』が利用されたのである。

しかし、世情は安定せず、赤眉《せきび》の乱と呼ばれる反乱が相次いで起こった。混乱の中で紀元二五年、劉秀《りゅうしゅう》は諸将に推戴されて六月、皇帝位につき（光武帝《こうぶてい》）、一〇月、洛陽に入って都とした（『後漢書』巻一上、光武帝紀、建武元年一〇月癸丑条）。ここに漢王朝が復活し王莽以前を前漢と呼ぶのに対して後漢と呼ぶ。

後漢の洛陽

洛陽の地は天下の土中、すなわち天下の中心と中国では考えられたところで、東周が都としたところでもある。「洛」の字は後漢時代まで「雒」の字も使っていたが、本書では煩雑になるので「洛」で統一する。

後漢の洛陽は、現在の河南省洛陽市の市街地から東に約一五キロのあたりに所在する。全体の形は南北に長い長方形をしており、東西が六里、南北が九里で「九六城《くろくじょう》」と俗に呼ばれた（『元河南志』巻二）。現在残っている遺構では、東城壁が約四二〇〇メートル、西城壁が約三七〇〇メートル、北城壁が約二七〇〇メートルをはかる（劉叙杰主編『中国古代建築史』第一巻、中国建築工業出版社、二〇〇三年）。南辺は洛水に接しており破壊されている。

外郭には一二門が設けられ、東面に三門、西面に三門、南面に四門、北面に二門という構成であった（図6）。

洛陽の城内には南宮《なんきゅう》と北宮という二つの宮城が存在し、両者は二階建ての廊下の復道《ふくどう》によって連結されていた。北宮の東には永安宮《えいあんきゅう》という小宮も設けられていた。

建武二年（二六）に洛陽に高廟《こうびょう》と社稷《しゃしょく》を建設した（『後漢書』巻一上、光武帝紀、建武二年正月壬子条）。さらに同一四年、南宮前殿を建てた（『後漢書』巻一下、光武帝紀、建武一四年正月条）。ここに洛陽南宮に前殿が完成したと考えられる。ついで建武中元元年（五六）、明堂《めいどう》・霊台《れいだい》・辟雍《へきよう》が建設された（『後漢書』巻一下、光武帝紀、建武中元元年是歳条）。明堂とは古代の帝王が祭祀や政治を行ったとされる殿堂で、その形は上が円形で下が方形をしていたという。霊台も祭祀に関わる建物と考えられるが詳細はよくわからない。辟雍は古代の天子が建てた学校だが、実際には祭祀の場でもあったらしい。いずれも洛陽の城

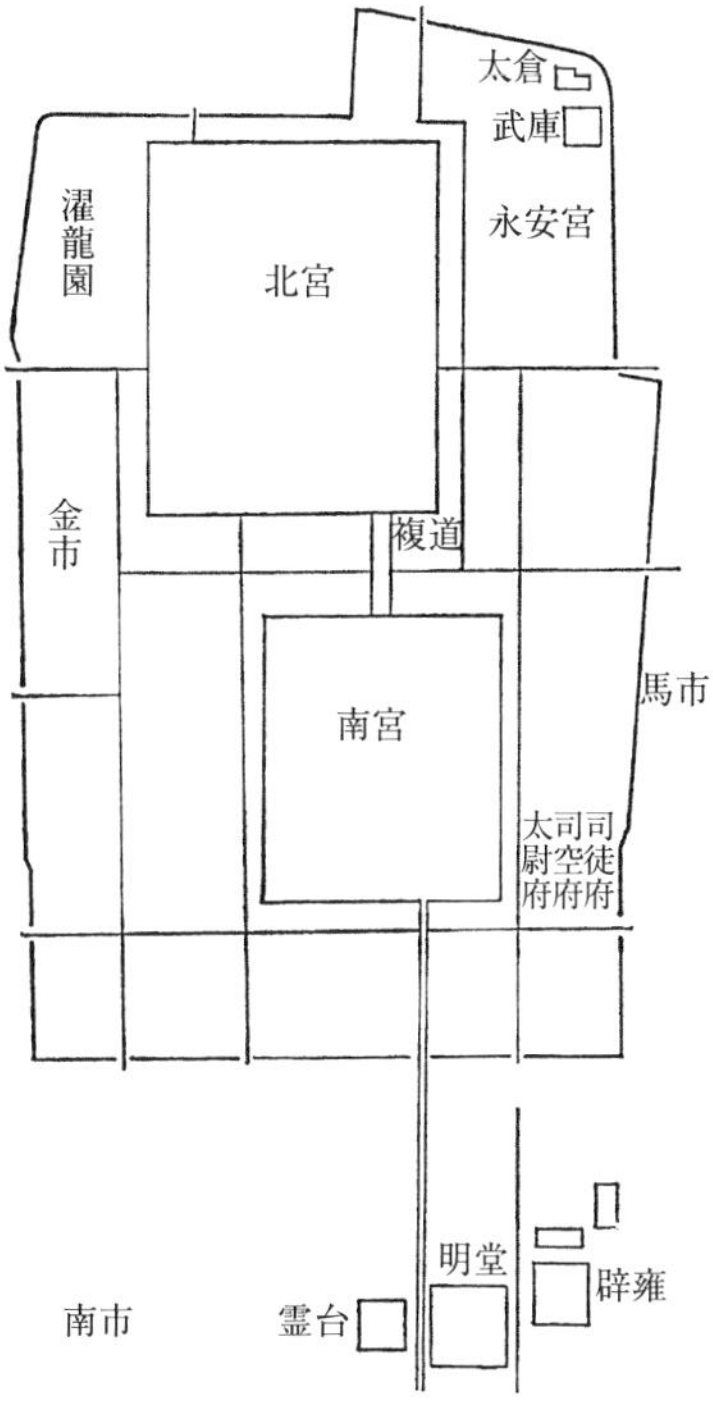

図6　後漢洛陽城（西嶋定生編『奈良・平安の都と長安』〈小学館，1983〉所収．一部改変）

外南の遺址が比定されている。

二代明帝時代になると、永平三年（六〇）、北宮と諸官府が建造された（『後漢書』巻二、顕宗孝明帝紀、永平三年是歳条）。そして同八年に北宮が完成した（『後漢書』巻二、顕宗孝明帝紀、永平八年一〇月条）。

以上のように洛陽の内外の主要な宮殿や施設が建造されていった。

南宮と北宮

『後漢書』によれば、光武帝の建武一四年に南宮前殿が建てられているから、この段階にはすでに南宮が存在していたと考えられる。また、北宮は二代明帝の永平三年から八年にかけて建てられたと見えるから、先に南宮が出来ていて、二代明帝の段階で北宮が建設されたと理解できる。

しかし、前漢高祖が洛陽南宮に宴会を開いたことが見える（『史記』巻八、高祖本紀五年〈前二〇二〉）。また、『輿地志《よちし》』には秦の時代に南北宮がすでにあったと見える。これらの史料に見える南宮・北宮と後漢のそれらの関係はよくわからない。同じものだとすると、すでに秦時代に存在しており、後漢になってから改修されたと考えられる。今後の調査を待ちたい。

洛陽の前殿

皇帝権力の象徴とも言うべき正殿について次に見ていきたい。

南宮の前殿は、すでに紹介した通り建武一四年に建設された。そして、建武中元二年、光武帝はこの前殿に崩御した（『後漢書』巻一下、光武帝紀、建武中元二年二月戊戌条）。ちなみにこの年、倭の奴国王《なこく》が使者を後漢に派遣し有名な金印を与えられている。洛陽まで来た奴国の使節は、南宮前殿で光武帝に拝礼の儀式を行ったかもしれない。遅れて完成した北宮には徳陽殿《とくようでん》という前殿が建てられた。この徳陽殿では正月元旦に、皇帝が出御して公卿以下の百官が朝賀儀を行い、周辺諸国の使者の朝貢を受ける場であった（『漢官儀』下）。まさに徳陽殿は皇帝の権威を内外に示す建物として機能していたのである。

後漢の洛陽も宮室の正殿として前殿が作られ、皇帝権力の象徴としての役割を果たしていた。秦の阿房前殿・前漢の未央前殿を継承していたと考えられる。しかし、前漢までとは少し異なった面もあらわれてきた。それは同じ宮室の中に複数の前殿が史料上に登場する点である。たとえば、南宮には前殿の他に崇徳《すうとく》前殿（『後漢書』巻四）、玉堂《ぎょくどう》前殿（『後漢書』巻六）が見え、北宮にも章徳《しょうとく》前殿（『後漢書』巻三）が史料にあらわれる。つまり、本来皇帝権力の象徴として唯一にして巨大な前殿が複数出現するようになったのである。

さらに前漢以前と大きく変化した点は、例示したように前殿に固有名称が付けられるようになったことである。秦の時代も前漢の時代も前殿には固有の名前はなく、ただ阿房宮の前殿、未央宮の前殿、長楽宮の前殿というように、単に「前殿」と呼ばれていた。それが後漢時代になると、○○前殿と固有名称が付けられるようになったのである。

このような変化の背景については確たる根拠があるわけではないが、次のように解釈できないだろうか。つまり、後漢時代には同一の宮室に複数の前殿が作られるようになったが、その結果、それらを呼び分ける必要が生じた。そこでそれぞれに固有の名称を与えるようになったのではないだろうか。さらにその際、玉堂前殿を除いて「徳」の字を含む名前が付けられた。これは儒教的な臭いがする名称である。おそらく皇帝の徳の高さを示すために付けられた名前であったと考えられよう。

以上のように、後漢の洛陽は、前漢以前と同様に宮室に前殿を造営したが、同一の宮室内に複数の前殿が存在し、しかも前漢時代とは異なって皇帝の徳を顕示する儒教的な名前を付けるようになったのである。

洛陽の全体像

さて次に後漢の洛陽の全体的な構造について見ていきたい。

外郭全体の形が南北に長い長方形であったことはすでに触れたが、内部には南宮と北宮、そして永安宮といった宮室があり、大きな面積を占めていた。東北には太倉と武庫が置かれ、太尉府《たいいふ》・司空府《しくうふ》・司徒府《しとふ》という帝国の最高機関の役所が南宮の東南に位置していたと文献史料から推測されている。また、城内には金市、城外には南市や馬市などがあったと考えられている。

このように城内には、南宮と北宮が大きな面積を占め、その他の施設も設けられており、一般の住民の多くは城外に住んでいたと推測されている（『中国古代建築史』第一巻）。また、最高行政官庁は南宮の東南に配置され、太倉と武庫は東北隅に置かれていた。さらに楊寛氏によれば、洛陽はそれまでの「坐西朝東」から「坐北朝南」の構造に大きく転換したとされる（楊寛前掲書）。すなわち、前漢長安の未央宮に至るには東闕や北闕に行かなければならなかったが、後漢洛陽の南宮では南闕（南門）に行くように変化したと指摘される。つまり、南門を正門とするように変わったのである。このことは前漢長安が東や北を正面としていたのに対して後漢洛陽は南を正面とする形になったということである。この変化が次の時代へも影響を与え、ついに隋唐長安城や洛陽城へと展開していくというのが楊寛氏の構想である。

秦漢の都城

ここまで秦漢時代の都城を概観してきたが、簡単に整理してみよう。

中国を統一した秦の始皇帝は咸陽を大きく改造し、渭水を渡った南に信宮や阿房宮という巨大宮殿群を建設した。そして、阿房前殿という壮大な宮殿が建てられて皇帝の権力と権威を誇示する舞台とされた。さらに信宮や阿房宮は天極、すなわち北極星に擬《なぞら》えられ、まさに始皇帝自らが宇宙の中心に位置していることを顕示していた。

秦滅亡後、再び天下を統一した前漢は咸陽の東南に長安城を建設した。いびつな形の城壁に囲まれた中に長楽宮と未央宮などの宮室が配置され、秦と同じく前殿が皇帝の正殿として建てられ、特に未央宮前殿は現在も巨大な基壇を残している。この段階では正宮である未央宮は全体の西南に位置しており、東や北からアプローチする構造であった。また、官庁もまだまだわからないことが多いものの、いくつかは発掘調査が行われ、現状では城内に散在していたと考えられる。

ついで王莽による新王朝を経て、後漢が再統一を果たして洛陽に都を定めた。洛陽は南北に長い長方形の外郭の中に、南宮と北宮が大きな面積を占め、南宮は南を正面とするように大きく変化した。また、それぞれに前殿が複数存在するようになるとともに、前殿にも固有の名前が付けられるようになった。そして、その名前は皇帝の徳を示す儒教的な名称が付与されていた。官庁の配置についても詳細はわからないが、隋唐長安城のような規則的な配置をとっていたとは見られない。

以上の展開を受けて三国時代に、さらなる飛躍がなされることになる。

太極殿の誕生

日本の大極殿

古代の日本の都には、天皇の権威を象徴する建物があった。それが大極《だいごく》殿《でん》である。大極殿は毎年正月元旦に行われる元日朝賀の儀式や天皇の即位儀礼などで用いられた。元日朝賀とは、正月元旦、百官人が宮城内の朝堂院《ちょうどういん》に集まって位階順に整列し、大極殿に出御した天皇に対して拝賀の儀を行う儀式である。即位儀もほとんど同様の儀式で、両者とも朝堂院に列立する百官人が、大極殿上の天皇に対して臣従することを確認する儀礼と言える。しかも大極殿は役割がある者や許可された者以外は排除される天皇の専有空間であった。そして、大極殿には高御座《たかみくら》という天皇専用の玉座が設けられていた。まさに天皇のための建物であり、大極殿に出御した天皇を頂点に国家が成り立っていることを象徴していた。

このように天皇権力の象徴とも言うべき大極殿は、一般的には藤原京《ふじわらきょう》で成立したと考えられている〈狩野久「律令国家と都市」〈同『日本古代の国家と都城』東京大学出版会、一九九〇年〉〉。しかし、近年はもう少し早く成立していたとする見方が有力になってきている。このあたりのことは後ほど詳しく紹介したい。

さて、以上のように日本古代史を考える際に重要な大極殿のルーツはどこにあるのであろうか。そのルーツは直接的には唐の長安城にあった。唐長安城の皇帝の居所である太極宮の正殿が太極殿《たいきょくでん》であった。この太極殿でも元日朝賀の儀式や即位儀が行われており、古代の日本は唐の律令制度とともに、こうした儀礼も導入したのである。

しかし、太極殿は唐時代にはじめて登場したものではなく、もっと以前から使われていた伝統のある殿舎名であった。次に中国における太極殿の誕生について見てみたい。

三国分裂の時代

読者の中には『三国志』が好きという方もおいでであろうか。私が勤務する女子短大でも毎年、『三国志』を好きという学生が相当数おり、あまり有名ではない武将の名前などが飛び出して時々舌を巻くことがある。しかも曹操《そうそう》の熱烈なファンも一定数いるのである。『三国志』の物語の中では、曹操はいわゆる敵役なのだが、根強いファンが学生の中にはいる。私も曹操は中国の都城史の中で大きなターニングポイントに立っていた人物と考えている。曹操の都である鄴《ぎょう》で、いくつかの大きな変化が見られるからである。

後漢末、黄巾《こうきん》の乱という反政府運動が起こり混乱が続く中、頭角を現したのが曹操であった。曹操は流浪する献帝《けんてい》を保護し、許昌《きょしょう》（河南省許昌市東郊）に都を造営して安置した。献帝は結果的には後漢最後の皇帝となるのだが、献帝の権威を背景に曹操は天下平定の戦いを遂行していった。そして、本拠地の許昌を献帝のために提供した曹操は、鄴（河北省臨漳県付近）に自らの都を建設した。この鄴に革新的な要素が見出されるのである。

建安二一年（二一六）、曹操は魏公《ぎこう》から魏王《ぎおう》に封じられるが、建安二五年、洛陽で死没した。曹操亡き後、子の曹丕《そうひ》が跡を継ぎ、同年一〇月、献帝の禅譲《ぜんじょう》を受ける形で魏王曹丕が皇帝位についた。ここに後漢から魏に王朝が交替したのである。文帝曹丕は黄初元年と改元し、父曹操に武帝という諡を追贈した。そして、都を洛陽に遷した。

これに対し翌年、蜀《しょく》の劉備《りゅうび》は成都《せいと》（四川省成都市）で即位し、漢を国号とした。少し遅れて二二二年、呉《ご》の孫権《そんけん》も武昌《ぶしょう》で皇帝位につき二二九年、建業《けんぎょう》（江蘇省南京市）に遷都した。これが魏・呉・蜀三国が鼎立する時代である。

ラスト・エンペラー献帝から禅譲を受けて皇帝となった文帝曹丕は六年後の黄初七年（二二六）正月に許昌に行幸したが、この折許昌城の南門が理由もなく崩れ、文帝は結局入城しないで洛陽にもどった。その後、五月に病に倒れ、ついに嘉福殿《かふくでん》において崩御した

(『三国志』巻二、文帝紀、黄初七年正月条・壬子条、五月丁巳条)。

その後を継いだのが明帝曹叡《めいていそうえい》である。明帝は生まれると曹操にとても愛され、常にそのそばに置かれていたという。

明帝は洛陽の改造に積極的で、太和三年(二二九)、平望観《へいぼうかん》を聴訟観《ちょうしょうかん》と改称し(『三国志』巻三、明帝紀、太和三年一〇月条)、同年一一月には洛陽に宗廟《そうびょう》を完成させ、それまで鄴にあった先祖の神主を移している(『三国志』巻三、明帝紀、太和三年一一月条)。

このように洛陽の改造を繰り返していたが、青龍三年(二三五)、さらに洛陽宮を大きく改修して昭陽殿《しょうようでん》・太極殿を建て総章観《そうしょうかん》を築いた(『三国志』巻三、明帝紀、青龍三年是時条)。この大工事によって百姓は農業を妨げられ、臣下たちも何回も止めるように諫めたが、明帝は聞き入れなかったという。ここに後世、日本の都にも影響を与えることになる太極殿という名称の宮殿が誕生したのである。

新しい宮殿スタイル

『三国志』には太極殿と昭陽殿、総章観を建設したとだけ見えるが、実際には太極殿を中心にその東西に東堂《とうどう》と西堂《せいどう》も建設されたと推測される。甘露元年(二五六)、群臣を集めて太極殿の東堂に宴会を行っていることから(『資治通鑑《しじつがん》』巻七七、魏紀九、甘露元年二月丙辰条)、太極殿に東堂が付属していたことが知られる。また、『太平御覧』巻一七五に引用されている「丹陽記《たんようき》」という史料には、太極殿は周時代の路寝にあたり魏から始まり、東西堂も同じく魏の制度で周時代の小寝にあたると見える。

これらの史料やこの後の南北朝時代の宮室のあり方からすると、魏の洛陽の太極殿には東堂と西堂が付属していたと考えられる。この宮殿形式は、それ以前には見られない形であり、曹魏《そうぎ》時代に発明されたものであった。つまり、後漢以前には宮室の正殿は前殿一棟だけで単独で聳え立っていたのだが、曹魏にいたって正殿である太極殿を挟んで東堂と西堂が並び立つスタイルに大きく変化したのである。太極殿という新しい名称を採用しただけではなく、宮殿スタイルも全く革新的なものだったと言える。

新スタイルの革新性

それではそれぞれの建物の役割は何であろうか。まず太極殿は正殿として大規模な拝賀などの儀式に用いられた。そして、それに対して東堂は皇帝が日常的に政務を見たり、臣下との饗宴などに使われた。西堂は皇帝が日常の起居休息するための建物であった。しかし、実際の生活の場は後宮にあったと考えた方が妥当であろう。いずれにしても太極殿と東堂・西堂からなる宮殿スタイルは従来にない画期的なものであった。

後漢までは前殿だけが正殿として存在しており、この前殿で朝賀や饗宴などの大規模な儀礼をはじめとして日常的な政務も処理されていたのである。しかし、曹魏の洛陽において大規模な儀礼の場として太極殿、日常的な政務の場として東堂、起居休息の場として西堂という形で機能が分化したのである。全く新しい宮殿形式が生まれたことになる。

この革新的な宮殿形式は確証はないが、建設にかける並々ならない情熱からすると、おそらく明帝の創意によるものと憶測される。それでは明帝は、このような新しい宮殿スタイルをどのように考え出したのであろうか。明帝は『三国志』の評伝によると、人民の負担を顧みず造営工事に没頭したという辛口の評価を与えられている（『三国志』巻三）。しかし、明帝が発明した宮殿スタイルは、この後南北朝時代にも継承されるほど重要な意味を持つのである。そのような宮殿形式を考え出す背景に祖父曹操の影響があった。もちろん明帝自身は新しい宮殿形式を考え出した事情については何も語っていない。だが、以下に紹介することからすると、おそらく曹操の斬新な思想に基づく鄴城の形が背景にあったのではないだろうか。

鄴城の概要

許都に献帝を置いた曹操が、新たな拠点としたのが鄴城であった。鄴城は漳《しょう》河《が》を挟んで北城（鄴都北城）と南城（鄴都南城）とに分かれている。このうち北城が曹操時代の鄴城で、南城が後で紹介する後世の東魏《とうぎ》と北斉《ほくせい》時代の鄴城である。鄴城でも発掘調査は行われており、北城は東西が約七キロ、南北が約五キロの城壁に囲まれていたと考えられている（図7）。

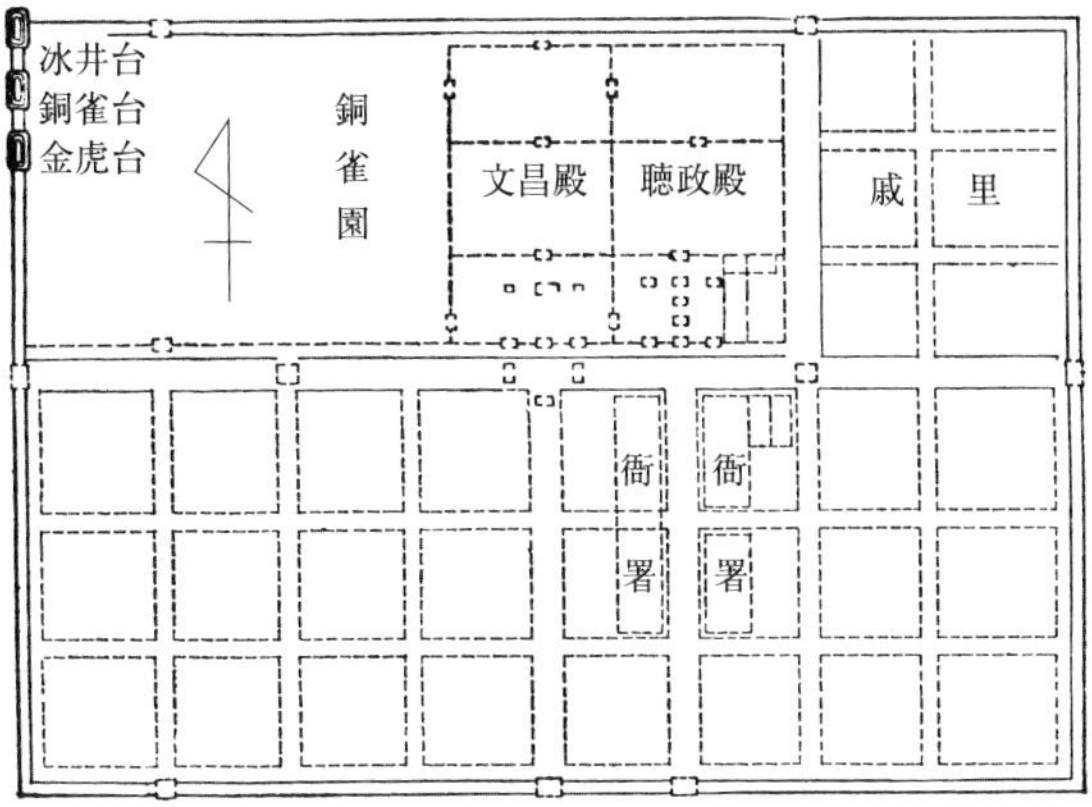

図7　曹魏鄴城（劉敦貞編『中国古代建築史』〈明文書局, 1996〉所収. 一部改変）

曹操は鄴城の整備に着手し、建安一三年（二〇八）、玄武池を作って水軍の訓練を行えるようにした（『三国志』巻一、武帝紀、建安一三年正月条）。また、同一五年、銅雀台《どうじゃくだい》を作り（『三国志』巻一、武帝紀、建安一五年冬条）、同一八年には七月に社稷《しゃしょく》・宗廟を建て、九月には金虎台《きんこだい》を作った（『三国志』巻一、武帝紀、建安一八年七月条・九月条）。ここに見える銅雀台と金虎台ともう一つ冰井台《ひょうせいだい》の三つは鄴城の北西に並んでいた。現在はこれらの台と見られる基壇が地上に残っている。

鄴城の内部

さて次に鄴城の内部に目を移すと、ほぼ真ん中を東西に走る道路によって南北に大きく二分されている。北半部はさらに三つの区画に分かれていて、西の区画が銅爵園という広大な苑地となっていた。東の区画は戚里《せきり》という皇帝の親族や貴族の居住地区であった。中央の区画が宮室で、さらに東西の二区画に分かれていた。西の区画の中心に正殿である文昌殿《ぶんしょうでん》があり、その門が端門《たんもん》と呼ばれていた。東の区画にも中心の宮殿があり聴政殿《ちょうせいでん》と呼ばれていた。そして、その北側に後宮が存在していた。

次に諸官庁の配置について見てみよう。聴政殿の南の司馬門《しばもん》から南へ向かう道路があり、その道路の西側に北から南に沿って相国府《しょうこくふ》・御史大夫府《ぎょしたいふふ》・少府卿寺《しょうふけいじ》が並び、東側には同じく北から南に、奉常寺《ほうじょうじ》・大農寺《だいのうじ》が並んでいた。その他、具体的な場所を推定できないが、東掖門を出た東向きの道路の南西に太僕卿寺《たいぼくけいじ》・中尉寺《ちゅういじ》があり、東掖門を出て宮の東北にあたるところに大理寺《だいりじ》・大社《たいしゃ》・郎中令府《ろうちゅうれいふ》などもあったらしい（『文選《もんぜん》』巻六、「魏都賦」李善注）。ここに見える「寺」というのは仏教寺院のことではなく役所という意味である。前半に見える司馬門前の南北道路沿いに官庁が並んだ姿は、それ以前には見られなかったものであり注目される。

鄴城の南半部はよくわかっていないが、居住区と考えられている。「魏都賦《ぎとふ》」には「班ずるに里閭を以てす」と詠まれているから、居住区画も整然としていたと想像される。

鄴城の新しさ

曹操の鄴城の革新性については、すでに多くの研究者が指摘しているところである（楊寛前掲書。雷従雲他『中国宮殿史』文津出版、一九九五年。傅熹年主編『中国古代建築史』第二巻、中国建築工業出版社、二〇〇一年）。これら先行研究の成果を参考に鄴城の画期的な側面を見ていこう。

まず革新的なところとしてあげられるのは、宮室を都城全体の中央北詰に配置した点である。それまでの都城ではすでに触れた通り、宮室は中央北詰には置かれていなかった。それが鄴城で変わったのである。この形は後の隋唐長安城の先駆的な形態と言えよう。しかし、この形態は次の洛陽以降、南北朝時代には継承されることはなかった。隋唐長安城で突如として復活することとなる。

官庁地区の配置にも新しい面があった。鄴以前の都城における官庁の配置については、実はあまり明確なわけではないが、文献史料や考古学的な調査の成果によれば、整然とした配置とはなっていなかったと考えられている。すなわち、官庁は都城内に散在していたと思われ、後漢の洛陽にいたって司徒府・司空府・大尉府といった最高官衙が南宮の東南に集中して置かれていたと推測される。

それに対して鄴城では、聴政殿南の司馬門から南にのびる道路の両側に官庁が建ち並んでいたと考えられる。つまり、官庁を一ヵ所に集中配置するという合理的な設計思想が窺える。しかも曹操が政務を見る聴政殿の南の道路沿いに官庁を集めていたのである。

このように官庁を集中配置するという形態は、全く新しい設計プランと言え、後の隋唐長安城にもつながる性格を持っている。隋唐長安城では皇帝の居所である宮城の南に、中央官庁を集めた皇城が置かれていた。この官庁を集中配置した隋唐長安城の先駆的な形と言えよう。

しかし、両者には決定的な違いもあった。すなわち、隋唐長安城は皇城という形で京域の居住地区とは完全に分離されていたのに対して、鄴城ではまだ居住地区の中に配置されていたのである。この点で鄴城は過渡的な形態であったと考えられよう。このことについては後で再び詳しく触れたいと思う。

宮殿の機能分化

次に鄴城の画期的な面として指摘されるのは、宮殿の機能分化を明確化したことである。すなわち、正殿として文昌殿を建て、その東に聴政殿を配して、それぞれに役割を分化させた点である。文昌殿は鄴城の正殿で、諸侯が拝謁し賓客が饗宴を賜るという大きな儀式の場であり（『文選』巻六、魏都賦）、聴政殿はその名の通り日常的に政務を見る場であった。このように大規模な儀式の場と日常政務の場とを明確に分離したのである。

これ以前には宮城には正殿として前殿しかなく、基本的にはこの前殿が大規模な儀式の場であり、日常的な政務の場でもあったと考えられる。それに対して曹操は二つの機能を完全に分割したのである。

こうしたところにも曹操の合理的な性格が読み取れるが、正殿と日常政務の場を分けることによって正殿である文昌殿の持つ権威の象徴としての性格を際立たせようとしたのではないだろうか。文昌殿を大きな儀式だけに使う建物に特化することによって自らの権力・権威を荘厳化し視覚化して顕示することを狙っていたと憶測される。逆に言えば、曹操にとって文昌殿は自分の権力・権威を象徴する建物であったと考えられる。

　このように曹操にとって自らの権力・権威のシンボルとも言うべき文昌殿は、歴史的にどのような役割を果たしたのであろうか。憶測ではあるが太極殿誕生への大きなステップであったと考えている。

太極殿の太極とは

　そもそも太極殿という名称は何に由来しているのであろうか。太極殿の「太極」とは、「太一《たいいつ》」と同じ意味で宇宙の根源を指していた。そして、太一とは古代中国の天文学においては天の中心である紫微宮《しびきゅう》に含まれていると考えられていた。たとえば『史記』巻二七、天官書によれば、中宮天極星とは、その一番明るいところが太一の常に居るところであると説明されている。まさに宇宙の中心である天極、つまり北極星周辺の星座を意味していたのである。この宇宙の中心である星座を地上に出現させたのが太極殿であったと考えられている（駒井和愛「唐長安式都城の起源についての小考」〈同『中国都城・渤海研究』雄山閣出版、一九七七年〉）。

　このように太極殿とは宇宙の支配者である天帝《てんてい》の住む宇宙の中心に由来する名称であり、まさしく天から支配を委任されている天子《てんし》、皇帝の宮殿の正殿としてふさわしい名前であった。しかし、あまり一般論化してしまうと、なぜ曹魏の洛陽において太極殿という名前が生まれたのかがよくわからないままになってしまう。それ以前には宮室の正殿は前殿と呼ばれており、後漢になってからは儒教的な「徳」に関わるような固有名称が付けられていた。それに対して曹魏の明帝は自らの正殿に天体に由来する名称を付けたのである。

さらに天極に象って宮室を作ることは前に紹介したように、すでに秦の始皇帝による阿房宮や信宮にも見られていたのである。つまり、ただ宇宙の中心を地上に顕現させたとだけ考えてしまうと、明帝以前との本質的な差が見えてこなくなってしまう。繰り返しになるが、後漢以前の正殿には星座の名前は付けられなかったのである。ここに太極殿という名称の革新性があったと言える。

文昌殿の意味

太極殿の画期的な意味として、宇宙の中心の星座名が付けられたことがあげられるとすると、そのきっかけとなった背景があったはずである。その背景については何の確証もないのであるが、私は次のように推測している。

太極殿という名称が星座に由来するとすると、その契機として文昌殿が重要な意味を持つことになる。すなわち、文昌殿の「文昌」とはこれもまた星座名なのである。文昌とは文昌宮という星座で、この星座は上将・次将・貴相・司命・司禄・司災という六つの星から構成され、『大漢和辞典』では「形は筐《かご》の如く、天の六府で、禍福を集計し、天道を明らかにし、天下を経緯することを主《つかさど》る」と解説されている。つまり、天下を治め整える星座であった。

それではなぜ曹操は鄴城の正殿に文昌宮の名を付けたのであろうか。おそらく曹操自身は天下奪取の野望に燃えていたはずであるが、しかし、それを剝き出しにしては自らの正当性を保つことができなかった。そこで後漢の献帝を保護し、その献帝の権威を借りる必要があったのである。そして曹操は権威の源泉である献帝を拠点である許都に匿《かくま》って文字通り玉を手中におさめ、自らは新たに鄴城に拠点を作ったわけである。とするなら本心では皇帝に取って代わる野心を抱く曹操ではあったが、許都にいる献帝こそが皇帝であり、北極星であると担ぎ上げ、自らは皇帝を輔佐する星座、文昌宮と位置づけたのではなかろうか。一見すると野心家の曹操にしては少し遠慮深いような印象を受けるが、むしろ深慮遠謀であった。落ちぶれたとはいえ後漢の献帝の権威を背景に天下統一の戦いを進める曹操にとっては、自分を正当化するのに好都合であったのであろう。

しかし、いつかは自分が皇帝となることを願っていた曹操は志半ばで死去し、その夢は息子によって実現された。子の曹丕は献帝から禅譲を受ける形で皇帝に即位した。ここに曹丕自身が献帝に代わって宇宙の中心の地位についたのである。そして、献帝は皇帝から山陽公という地位に落とされ、青龍二年（二三四）に亡くなった。その翌年に太極殿は建設されることとなる。山陽公に身分は下がったとは言っても後漢のラスト・エンペラーの死をもって、曹氏は自らの宮殿に宇宙の中心である太極を付けることができるようになったのかもしれない。

献帝を助けることを大義名分として戦った曹操は文昌殿を作り、その孫明帝は献帝の没した後、太極殿を建造したのである。

聴政殿の分離

鄴城のもう一つの革新性は、聴政殿の分離にある。聴政殿はその名の通り、政務を見るための建物と考えられる。このように政務を見る建物を正殿から分離したのも鄴城の持つ新しさであった。

洛陽の太極殿の東西に東堂と西堂が付属していたことはすでに述べたが、そのうちの東堂が皇帝が日常的な政務を執る建物であった。つまり、それまでは前殿で大きな儀礼も日常政務も行っていたのに対して、正殿の太極殿と東堂で機能を分担するようになったのである。このような機能分化の先駆けも鄴城であった。大きな儀礼の場としての文昌殿と、その東に日常的な政務の場としての聴政殿を設けたのが鄴城であった。ここに正殿と日常政務の建物とが分離したのであり、洛陽の太極殿と東堂という形態に繋がったと考えられる（雷従雲他『中国宮殿史』文津出版、一九九五年）。

この点でも鄴城は従来の都城より画期的であったと言えよう。そして、太極殿と東堂・

西堂からなる宮殿形式は、南北朝時代を通じて正統な宮殿スタイルとして継承されていくことになる。

都城から見た曹操

さて、先に触れたように、曹操の評価はやはり悪役ということになろうか。しかし、学問的にもこれまでにさまざまな議論がなされてきており、単純に善悪で評価できるものではない。ここでは都城の歴史から曹操の人物像の一端に触れてみたい。

ここまで述べてきたように、曹操が作った鄴城は都城の歴史の中で画期的な側面をいくつも持っていた。列挙すると以下のようになる。

まず①前殿に星座の名前を採用し、太極殿登場へと導いたこと。②聴政殿を分離して太極殿と東堂・西堂という宮殿スタイルの端緒を作ったこと。③聴政殿前の南北道路沿いに官庁を配置したこと。④宮室を都城の中央北詰に設けたこと。いずれもそれ以前の都城には見えない革新的なものであり、楊寛氏が言うように合理的な側面を持っている（楊寛前掲書）。

このように鄴城には合理的な面が多く存在していたのであり、こうしたことから曹操という人物の合理的な一面を垣間見ることができよう。しかも従来の形にこだわらず斬新なアイデアがたくさん盛り込まれていた。まさに伝統的な形にとらわれない、合理的な精神の持ち主であったと評価できよう。

しかし、私は実は保守的な一面も同時に持っていたと考えている。もし曹操がもう少し長生きをして献帝から自分が禅譲を受けて皇帝となっていたとしたら、おそらく太極殿は生まれず東堂・西堂も作られることはなかったと推測している。

曹操は死の直前、洛陽の修造に着手していた。禅譲を目前とする段階に来ていた曹操は後漢の洛陽の整備に取りかかり、間もなく譲られるであろう皇帝位にふさわしい都作りの準備をはじめたものと思われる。

建安二五年正月、曹操は洛陽にいて建始殿《けんしでん》を建設した。その際、伐採した濯龍園《たくりゅうえん》の木から血が出たり、掘って移した梨の木の根からも血が出たりした。これを忌まわしいと思った曹操は病に伏し、その月のうちに死去したという（『後漢書志』巻一四、所引「魏志」）。曹操は死の直前に、戦乱で荒廃していた洛陽に建始殿という正殿を建てていたのである。この建始殿は洛陽の北宮にあり、群臣たちの拝朝を受ける前殿であった（『三国志』巻二、文帝紀、黄初元年一二月条所引裴松之注）。さらに建始殿の名前は建国の始めに因んだ命名であった（『資治通鑑』巻六九、黄初二年条）。

曹操が皇帝となることを前提に建設した前殿の名前は太極殿のような星座ではなかったのである。その名前は新しい王朝の建国にちなんだ建始殿であった。そして、史料がほとんどないためよくわからないが、建始殿に東堂・西堂が付属していた様子は見られない。皇帝即位を目前として、曹操は前殿だけからなる正統な宮殿形式に回帰しようとしていたように思われる。つまり、自分が皇帝となる場合には、皇帝の宮殿スタイルを踏襲しようとしていたのであろう。これは鄴城で見せた合理的な精神とは相反するようではあるが、皇帝の伝統的な宮殿スタイルを継承することによって、自らの皇帝権の正当性を誇示することを狙っていたと考えられる。そう考えると、これはこれで合理的な判断であり、保守的な合理性とでも呼ぶべきなのかもしれない。

いずれにしても革新性を持っていた曹操がもう少し長生きしたなら、都城の歴史は伝統的なスタイルに回帰していたという皮肉な結果になったのかもしれない。

曹魏の洛陽

曹操は皇帝位につき新しい王朝を打ち立てたら洛陽に都を置くつもりであったと思われる。洛陽は後漢の都であり、古来天下の中心と意識された場所であった。しかし、その望みは彼の死によって実現せず、子の曹丕によって現実のものとなった。

洛陽は後漢末の戦乱によってすっかり荒廃していた。その後、曹魏の都として再建された洛陽は、どのような形の都であったのだろうか。だが、残念ながら文献史料も少なく、考古学的調査も進んでいるとはいえ、曹魏時代に限るとあまり情報量は多くない。そこでここでは、そのアウト・ラインだけ整理しておこう。

まず洛陽の再建に着手した曹操が建始殿を建設したのは北宮であった。後漢の洛陽には南宮と北宮があったが、曹操は北宮の修造から手を付けたのである。そして、孫の明帝時代に太極殿が建てられるが、これまで太極殿は南宮に建造されたと考えられてきた。すなわち、南宮崇徳殿の場所に太極殿が建てられたとされてきた（『三国志』巻二、文帝紀、黄初元年〈二二〇〉十二月戊午条裴松之注）。しかし、近年、渡辺信一郎氏によって実は北宮の徳陽殿の跡地に建てられたと指摘された（同『中国古代の王権と天下秩序』校倉書房、二〇〇三年）。

そうすると曹魏の洛陽は北宮に一貫して宮室を営んでいたということになる。そして、外郭は基本的に後漢のものを継承したが、鄴城のように西北に金墉城《きんようじょう》という防衛施設を設けた。このように洛陽でも宮室を都城全体の北寄りに配置し、西北に軍事施設を置く形に改造したのである。これらの点は鄴城の影響を受けていると考えられる（『中国古代建築史』第二巻）。つまり、曹魏の洛陽は基本的には後漢の洛陽を継承しつつ、鄴城での新しい側面も取り入れられていたのである。やはり、ここでも『周礼』型都城が意識されていた形跡は見られない。むしろ隋唐長安城を考える際は、北宮に宮室が作られた点が注目されよう。

南北朝の都

魏から晋へ

曹魏の明帝の時代、宗室の曹爽《そうそう》とともに実力者となったのが司馬懿《しばい》である。司馬懿はクーデターを起こして曹爽を葬り去り、次々と政敵を倒して魏王朝からの禅譲《ぜんじょう》を準備していった。しかし、望みを遂げることなく死去し、その後、子の司馬師《しばし》と司馬昭《しばしょう》が実権を掌握した。そして司馬師の死後、司馬昭は曹魏からの禅譲を目前にして没し、咸熙二年（二六五）、司馬昭の子司馬炎《しばえん》が父の地位を継いで晋王となった。この年の一二月、魏の元帝曹奐《そうかん》は司馬炎に禅譲して曹魏にかわって晋王朝が誕生した。司馬炎は皇帝位につき（武帝）、そのまま洛陽を都として受け継いだ。ついで武帝は太康元年（二八〇）に呉を倒し、中国の再統一を成し遂げた。しかし、間もなく混乱を生じて滅亡し、晋王室の一族である司馬叡《しばえい》が、かつて呉が都とした建業（建康《けんこう》）に自立して皇帝となり晋王朝を継承した（元帝）。一般にこの王朝を東晋、それ以前の洛陽を都とした王朝を西晋と呼んで区別している。

西晋の洛陽

西晋の武帝司馬炎は、魏から禅譲を受けてそのまま洛陽を都と定めた。すなわち、後漢末の戦乱状態とは大きく状況が異なっていた。後漢末の洛陽は焼き討ちされるなどして荒れ果ててしまったが、西晋は平和裡に皇帝位を譲り受けたため、全く無傷のまま洛陽を手にすることができたのである。

そのため基本的な構造は曹魏の洛陽と同じであったと考えられる。三代懐帝が旧制のように東堂で政務を見て、臣下が武帝の時代を見るようだと言ったというから（『資治通鑑《しじつがん》』巻八六、光熙元年〈三〇六〉一一月条）、初代武帝の時から太極殿の東堂で日常政務を処理していたことが知られる。太極殿と東堂・西堂からなる宮殿スタイルも、そっくり受け継いでいたのである。そして、この宮殿形式が魏から西晋に継承されたということが、この後の各王朝に正統な王朝の宮殿形式と認識される端緒となった。すなわち、後漢までの前殿を主体とする形式よりも太極殿と東堂・西堂からなる形式が正統な王朝の宮殿形式と考えられるようになるのである。

南北朝の分裂

ようやく中国を再統一した武帝であったが、短命に終わった曹魏とは反対に司馬氏一族を各地に王として封建した。しかし、これら王たちがお互いに争う八王《はちおう》の乱（二九一〜三〇六）が起こって混乱状態に陥った。また、これ以前から五胡《ごこ》と総称される異民族が華北に移住しつつあり、八王の乱の中で蜂起し、その中の匈《きょう》奴《ど》の劉淵《りゅうえん》は「漢」を称して自立し、永嘉五年（三一一）に洛陽を攻略し三代懐帝を捕らえて殺害した。これによって洛陽は再び焼き払われ荒廃してしまった。これを永嘉《えいか》の乱というが、それでも長安で愍帝《びんてい》が擁立されて辛うじて晋王朝は継続する。だが、建興四年（三一六）、長安も陥落し愍帝も捕らえられて殺されてしまう。ここに西晋は滅亡した。

そして、華北では五胡と呼ばれる異民族が一六の国を建国して互いに鎬《しのぎ》を削る五胡十六国の時代に突入する。

それに対して先述のように、司馬叡は建康を都として東晋を建てた。そして、東晋以降、禅譲によって王朝が宋《そう》・斉《せい》（南斉）・梁《りょう》・陳《ちん》と交替していく。これらの王朝を南朝と呼ぶ。一方、華北では五胡が抗争を繰り返す中、勢力を伸ばしてきた鮮卑《せんぴ》族拓跋《たくばつ》部の北魏《ほくぎ》が華北を統一し北朝と呼ばれ、南北朝時代に入る。南北朝はそれぞれに都を造営していくこととなる。

南朝の都

武帝司馬叡が拠点とした建業は、三国時代の呉の都で、現在の南京市にあたる。西晋時代に建鄴となったが、愍帝司馬鄴の名を避けて建康と改名された。東晋以降、南朝の諸王朝はこの建康を都とした。

建康については『建康実録』をはじめ文献史料には比較的恵まれているが、現在の南京の市街地とも重なっていて、考古学的な調査があまり進んでいない。そのため古くから研究がありながら全体像の把握については難しい状況にある。しかし、文献史料などからは、華北の長安や洛陽などとはだいぶ異質な面を持っていたことがうかがえる。

呉の建業

呉の大帝孫権は黄龍元年（二二九）に武昌（湖北省鄂州《がくしゅう》市）から都を建業に遷し、太初宮《たいしょきゅう》に入った（『建康実録』巻二、太祖下、黄龍元年一〇月条）。その後、赤烏《せきう》一〇年（二四七）の春、大帝は太子宮である南宮に行き、太初宮を武昌宮の材料を使って修造した（『三国志』巻四七、赤烏一〇年二月・三月条。『建康実録』巻二、太祖下、赤烏一〇年春条）。そして、翌年、太初宮が完成し、その正殿は神龍殿《しんりゅうでん》と名付けられ、四方に門が開かれた（同赤烏一一年三月条）。太初とは気の始めを意味しており（『大漢和辞典』）、太極に通じるものがある。

呉最後の後主孫皓《そんこう》（晧）の宝鼎《ほうてい》二年（二六七）、新しく昭明宮を太初宮の東に造営し始め（『建康実録』巻四、後主、宝鼎二年六月条）、一二月、完成して後主が移った。正殿は赤烏殿といった（同一二月条）。

建業では官庁は宮門から南にのびる道路沿いに並んでいたとされる（中村圭爾「建康における伝統と革新」〈同『六朝江南地域史研究』汲古書院、二〇〇六年〉）。このような形態は、曹魏の鄴城を想起させるが、中村圭爾氏はその影響関係については慎重な意見を述べられている。

東晋の建康

三一七年、司馬叡は魏晋の故事によって晋王となり、建康に宗廟と社稷を建設し建武と改元した（『晋書』巻六、元帝紀、建武元年三月辛卯条）。そして翌年、愍帝の死を知って皇帝位につき（元帝）、太興と改元した（同太興元年三月丙辰条）。こうして晋王朝を江南で再興した元帝司馬叡が都とした建康は、当初はもとからあった建物を利用し、二代明帝の時代もそのまま使っていたが、三代成帝の時に大々的な改築が行われた（『建康実録』巻五、建武二年三月丙辰条）。

東晋王朝も安定しないまま幼い成帝が即位し、その外戚勢力に対抗して蘇峻《そしゅん》らが反旗を翻し、咸和四年（三二九）、蘇峻の子碩《せき》が建康の宮城である台城《だいじょう》を攻めて太極殿の東堂などを焼き払った（『晋書』巻七、成帝紀、咸和四年正月戊辰条）。これによって建康の宮殿は灰燼に帰してしまった。

このように建康は反乱軍によって破壊されてしまったが、ここに太極殿の東堂も焼かれたと見えることから、もとからある殿舎を利用したとはいえ、太極殿と東堂、西堂が存在したことがわかる。おそらく西晋の正統な後継者として、その正統な宮殿スタイルを整えていたと考えられる。

建康の再建

反乱を鎮圧した後、咸和五年、苑城に新宮を作り始める。これが建康宮で、都城には六つの門を開き、南面中央の門が宣陽門《せんようもん》で、門道が三道あり門の上に楼閣が乗っていた。そして南の朱雀門まで「御道」という道がのび、槐《えんじゅ》・柳を植えた。宮城の正門は大司馬門《だいしばもん》で、その前には東西の道路である横街が通っていた。この苑城はもと呉の後苑であった（『建康実録』巻七、咸和五年九月条）。

その後、工事は続き咸和七年に新しい建康宮が完成した。宮には宮城正門の大司馬門以下の諸門が開かれていた（同咸和七年是月条）。そして、翌年正月元日には盛大な元日朝賀の儀式が新しい建康宮で執り行われた。

ついで成帝の咸康六年（三四〇）、初めて中興の故事によって毎月朔日と望日に東堂で政務を見ることとした（『晋書』巻七、成帝紀、咸康六年七月乙卯条）。そして、同八年成帝が西堂で崩御した（同咸康八年六月癸巳条）。これらのことから新しい建康宮にも太極殿と東堂・西堂からなる宮殿形式が取り入れられていたことがわかる。すでに秦漢時代の前殿単独の形式は後景に追いやられ、曹魏で誕生した太極殿のスタイルが正統な皇帝の宮殿形式として定着していたことが知られる。さらに東堂が皇帝の政務の場であり、西堂が安息の場であったことも確認できる。この宮殿形式は、この後の時代に皇帝の正統なスタイルとして大きな影響を与えることとなる。

咸康二年には南端となる朱雀門を改作し、その南の秦淮水《しんわいすい》を渡る朱雀浮航《ふこう》という船橋を作っている（『建康実録』巻七、咸康二年一〇月条）。以上のように建康は再建を遂げていった。この後も孝武帝の時代に修築がなされているが（『建康実録』巻九、太元三年二月・七月条）、南朝諸王朝に引き継がれる基本形はでき上がったと見られる。

建康の形

江南《こうなん》の都、建康はどのような姿をしていたのだろうか。前にも述べたように文献史料には恵まれているが、実態についてはよくわかっていない。戦前に朱偰《しゆせつ》氏の大著『金陵古蹟図考』があり、詳細な検討がなされて復元図も作成されている（図8）。これによれば、建康宮をほぼ中心として方形の外形が想定されている。この朱説がその後通説として受け継がれてきた。しかし、近年は中村圭爾氏をはじめ、建康をめぐる水路などの重要性に着目して、水路を基準とした復元がなされるようになってきた（同『六朝江南地域史研究』汲古書院、二〇〇六年）。いずれにしても今後の研究の進展を待つしかないが、朱偰氏以来の方形と考える案が、ある種観念上のものとすれば中村氏のように実際の地形に合わせる復元案に魅力を感じる。

建康の外郭

中国の都市は城郭都市と言われるように、町全体を堅固な城壁で囲むのが常識である。しかし、建康については、この常識はあてはまらなかった。東晋以来、建康の外城は「竹籬《ちくり》」が設けられるのみであったらしい。そこで南斉《なんせい》の初代高

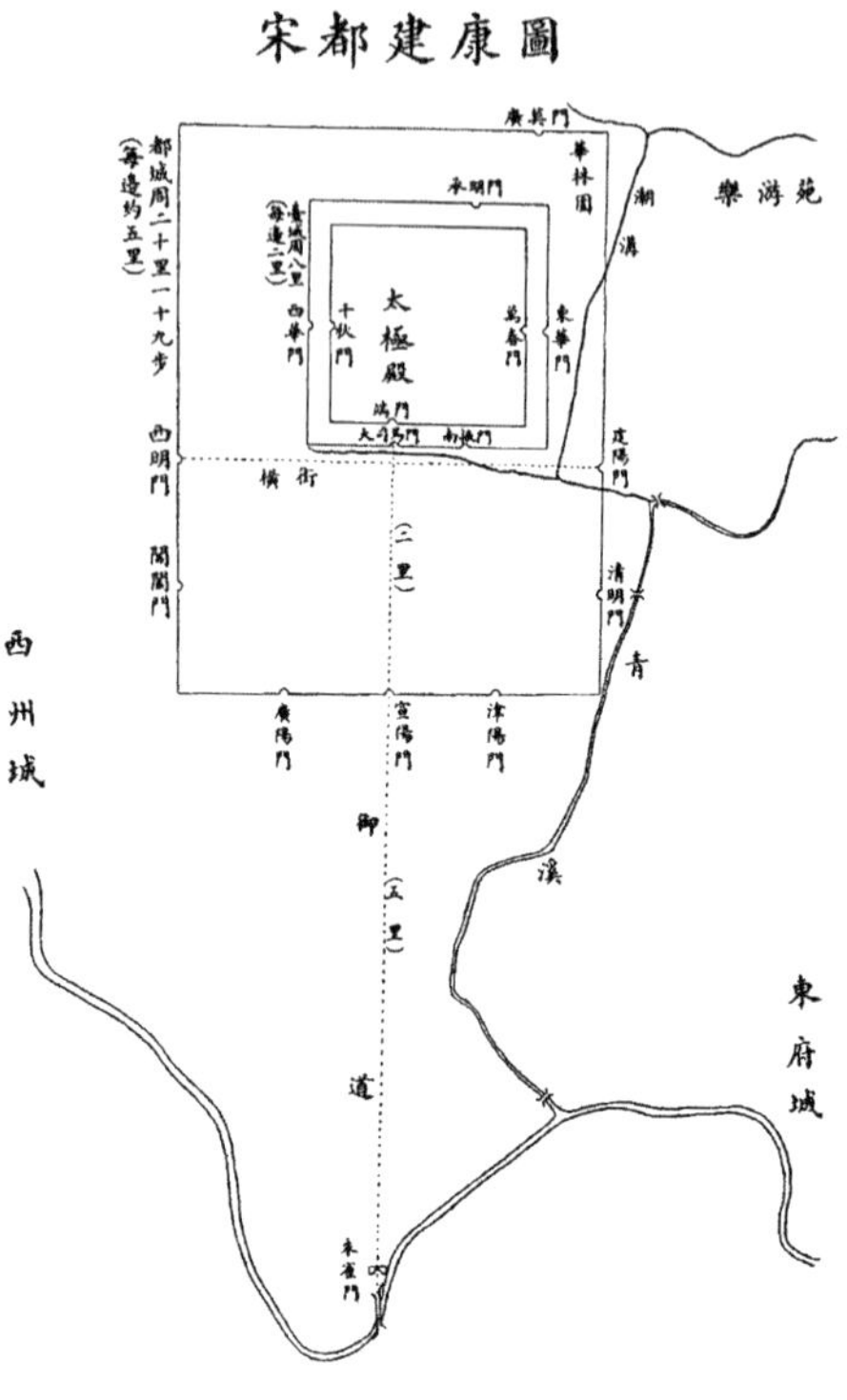

図8　建　　康
（朱偰『金陵古迹図考』〈中華書局，2006〉所収）

帝は「都牆《としょう》」を作らせた（『資治通鑑』巻一三五、斉紀一、建元二年条）。当初、竹籬、つまり竹の垣根で囲まれていたのである。土を積み上げたがっしりとした城壁とは全く異なっていたことになり、南斉の四八〇年になってようやく土の城壁が作られたのである。こうした貧弱な外郭施設を補うように周囲には石頭城《せきとうじょう》や東府城《とうふじょう》といった軍事施設が置かれていた。

さらに建康の郊外に籬門《りもん》という門が五十六ヵ所にわたって点々と取り囲んでいたという（『太平御覧』巻一九七、南朝官苑紀）。これらも竹でできていたと思われ、軍事的な機能を持っていたとは考えられず、京域の範囲を表示することを目的としていたのであろう。

以上のように建康では中国都市の特徴である堅固な城壁で町全体を囲むことはなかった。竹を使っているところが水が豊かで温暖な江南らしいと一般に言われているが、その実態については今後の課題である。簡素な外郭に対して太極殿と東堂・西堂は立派に作っていることからすると、魏・西晋という正統な王朝の後継者としての意識がとても強く、いつか洛陽にもどる気持ちがあり、町全体の城壁には手が回らなかった、あるいは関心が向かなかったと考えるのは考え過ぎだろうか。

北魏の華北統一

西晋が滅んだ後、華北は五胡十六国《ごこじゅうろっこく》という争乱の時代に入った。その抗争の中、三八六年、鮮卑族の拓跋珪《たくばつけい》は代王《だいおう》となり、ついで魏を国号として魏王を称した（道武帝）。そして、天興元年（三九八）に平城《へいじょう》（山西省大同市）に遷都した。その後、周辺諸国を次々と倒し、四三九年にはついに華北をほぼ制圧する。

平城の造営

道武帝が天興元年に都とした平城は、はじめは水草に覆われて城郭もなかった状態だったという（『南斉書』巻五七、魏虜伝）。道武帝はまず宮室、宗廟、社稷の造営から着手し（『魏書』巻二、太祖紀、天興元年七月条）、一〇月に正殿の天文殿が建設された（同一〇月条）。早速、一二月に道武帝は天文殿に出御して百官の万歳を受けるとともに大赦改元を行っている（同一二月己丑条）。このように正殿として天文殿が建設され、この後も次々と整備が進められていった。道武帝は天賜三年（四〇六）、外城方二〇里を計画し（同天賜三年六月条）、二代明元帝の泰常七年（四二二）には、外郭を築き、周囲が三二里に及んだ（『魏書』巻三、太宗紀、泰常七年九月辛亥条）。さらに三代太武帝の時代に征服地の住民を平城に移して郭邑《かくゆう》（外郭居住区）を大いに築いたという（『南斉書』巻五七、魏虜伝）。

宮室だけでなく外郭城も作られたと思われるが、外郭城は宮城の南を取りまき、城壁を築いて坊を作り、坊の中には巷という小道が通された。大きな坊には四、五〇〇家、小さな坊には六、七〇家が収容されていた（同前）。このように居住区も整備されていったと思われるが、実際の姿についてはほとんどわかっていない。今後の考古学的な調査が待たれる。

平城のモデル

平城の具体的な形はよくわからないが、宮城を北端にして外郭が取りまく様子から、鄴城をモデルとしたと指摘されている（傅熹年主編『中国古代建築史』第二巻）。平城に遷都する少し前、天興元年正月に道武帝は鄴城に来て宮殿などを見ていたのである（『魏書』巻二、天興元年正月庚子条）。すなわち、道武帝自ら鄴城を視察しており、その影響を受けた可能性は充分あろう。また、道武帝が宮室を拡充しようとして平城の四方一〇里を測量し、鄴、洛陽、長安の制を模倣しようとしたという（『魏書』巻二三、莫題伝）。

このように平城は、その造営の過程で鄴や洛陽・長安などを参考にしていたらしいことがうかがえる。鮮卑族出身の魏が都を造営する際、漢族の都を正統なスタイルとして参考にしていたのである。ただし、天文殿などの正殿を中心とした宮城構造となっていて、太極殿と東堂・西堂からなる宮殿スタイルは採用されていなかった。その採用までにはもう少し時間が必要であった。

漢化政策と平城

三代太武帝は、始光二年（四二五）、もとの東宮に新しく万寿宮《まんじゅきゅう》を造営して正殿として永安殿《えいあんでん》を建設した（『魏書』巻四上、世祖紀、同年三月庚申条）。この永安殿では四代文成帝が即位したり、万国を朝会するといった大規模な儀式が行われていることから、もっとも公的な正殿であった。そして太安四年（四五八）、文成帝はさらに新しく太華殿《たいかでん》を建造した（『魏書』巻五、高宗紀、同年三月丙申条、九月辛亥条）。太華殿では六代孝文帝の即位儀が行われる一方で、文成帝が崩御していることから、公私両面の性格を持っていたらしい。

このように平城では当初太極殿・東堂・西堂形式ではなく、前殿を中心とした宮殿形式であったことが知られる。ところが孝文帝が親政を開始すると、いわゆる漢化《かんか》政策を推進することとなる。漢化政策とは、鮮卑族出身の魏王朝が漢族の文化や伝統を受け入れ、漢族の王朝の体裁を整えようとした政策である。

その一つとして平城にも変革が行われた。太和一六年（四九二）、孝文帝は太華殿を壊して新たに太極殿を建造した（『魏書』巻七下、高祖紀、太和一六年二月庚寅条、一〇月庚戌条）。そして、翌年正月元日には早速太極殿で百官人を饗応している。

この太極殿建設にあたっては、蔣少游《しょうしょうゆう》を洛陽に派遣して魏晋の宮殿跡を測量させたり（『魏書』巻九一、蔣少游伝）、さらには密かに南斉の建康の宮殿の様式を観察させたりした（『南斉書』巻五七、魏虜伝）。つまり、正統な洛陽の宮殿跡や建康の様子を参考に建設したのである。そして、太和一八年、孝文帝は洛陽遷都に踏み切る。新都洛陽も太極殿・東堂・西堂形式であり、ここに都城における漢化政策は完成したのである。

北魏の洛陽

遷都した洛陽では基本的には漢魏晋の洛陽を継承しつつも、新しい面も持っていた（図9）。宮城は従来の北宮を踏襲し、内部は太極殿などが建てられた。宮城の正門である閶闔門《しょうこうもん》から南の宣陽門までのびる道が銅駝街《どうだがい》で、この道路が中軸線となる。そして、官庁はこの銅駝街を挟んで連なっていた。東面北門の建春門や中央の東陽門を入って西に延びる道路沿い、さらに西面の西陽門を入って東に延びる道路沿いにも官庁が建ち並んでいた（『洛陽伽藍記』巻一）。

このように官庁を集中して配置し、特に洛陽全体の中軸線となる銅駝街沿いに官庁街を形成していた点は鄴城の影響をうかがわせる。平城を建設する際に鄴城を参考としていたことが想起されよう。

外郭の建設

北魏の洛陽は漢魏晋のそれを踏襲したが、景明二年（五〇一）、広い範囲にわたる外郭が建設された（図10）。畿内の人夫五万人を動員して京師三二三坊を築いた（『魏書』巻八、世宗紀、景明二年九月丁酉条）。この外郭建造は、皇族から

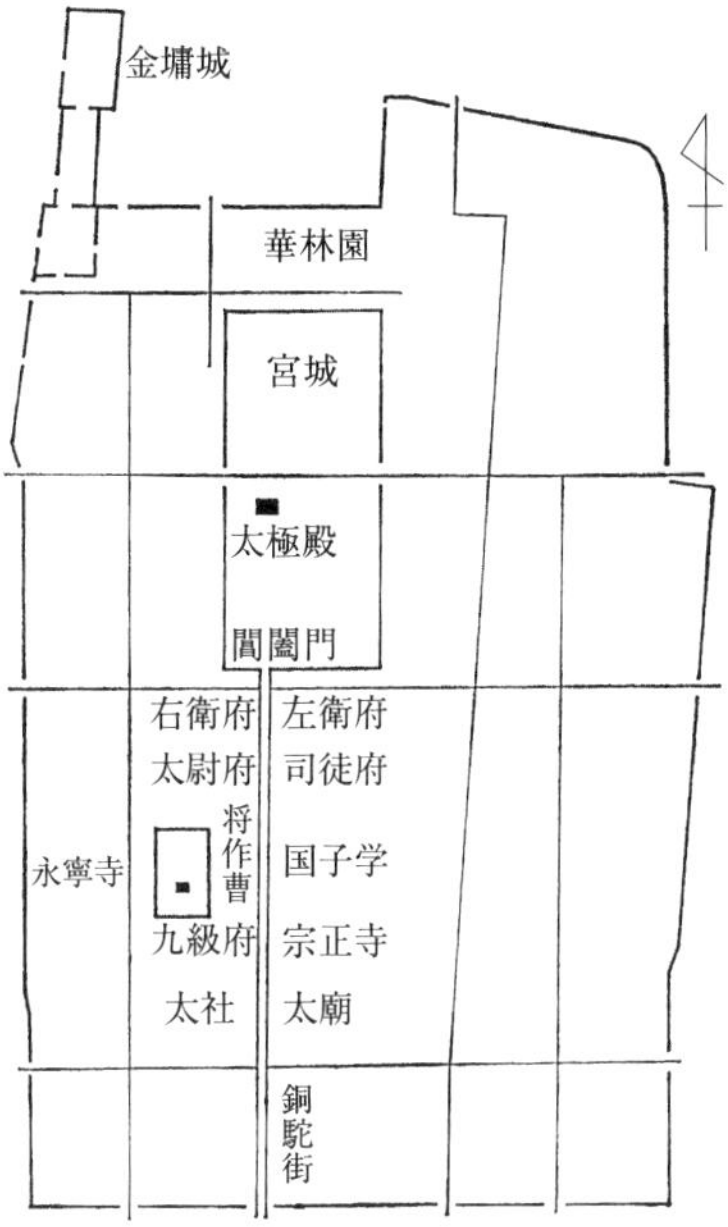

図9　北魏洛陽城（西嶋定生編『奈良・平安の都と長安』〈小学館，1983〉所収．一部改変）

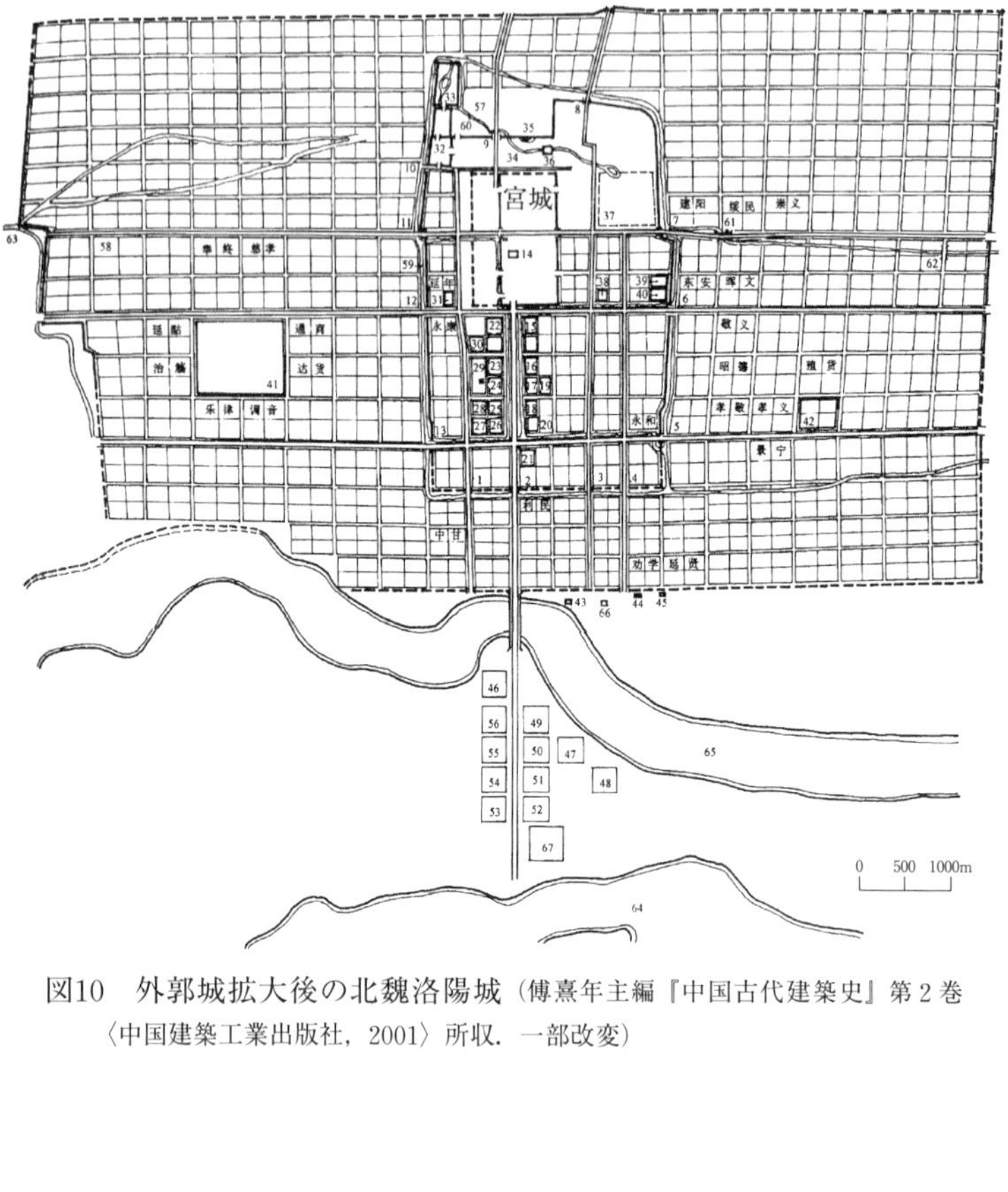

図10　外郭城拡大後の北魏洛陽城（傅熹年主編『中国古代建築史』第２巻〈中国建築工業出版社，2001〉所収．一部改変）

の進言による。その狙いは悪だくみや盗みを防止することにあった（『魏書』巻十八、広陽王嘉伝）。

ここに三〇〇をこえる区画からなる広大な外郭が誕生したのである。それぞれの区画は壁によって囲まれていて、治安の維持が狙いであった。すなわち、住民を効率的に、かつ合理的に管理するのが碁盤目状町割りの目指すところだったのである。

北魏の分裂

都を洛陽に遷したことで、北辺防備の基地である鎮《ちん》の地位が低下していった。その不満が爆発したのが六鎮《ろくちん》の乱と言われる反乱である。その後内乱状態の中で北魏は、東魏と西魏《せいぎ》に分裂し、東魏は鄴へ遷都し、西魏は長安を都として対立した。そして、東魏は北斉に、西魏は北周に禅譲する。

東魏が移った鄴は、かつての曹操の鄴城の南に増設され一般には鄴都南城と呼ばれている。全体は南北に長い長方形で、宮城には太極殿などが建てられ、基本的には北魏洛陽城を継承するものであった。

『周礼』への復古

西魏では胡族文化への復帰とともに『周礼』に基づく六官の制が作られるなど復古的な性格が見られ、次の北周も『周礼』を重視し、宮城に周の時代の路寝・路門などを建設した。つまり、この段階で周の時代の理想的な宮室構造が現実に作られたのである。これは大きな変革と言える。曹魏以来、南朝も北朝も太極殿と東堂・西堂を正統な王朝のシンボルのように考え継承してきたのである。それを敢えて廃して全く新しい、というより復古的な周時代の宮殿スタイルを持ち出してきたのである。これは都城史の中で重要な変化であった。おそらく王朝の分立の中で、それぞれの正統性の主張合戦が繰り返された南北朝時代、西魏・北周はついに漢魏晋を飛び越えて、さらに古く中国のもっとも根源的で理想とする周に自らを投影することで、その正統性を主張しようとしたのであろう。

北周の長安の全体像は不明ながら、ここに『周礼』型の宮室が登場したことは、次の隋唐長安城を考える際に注目される。

隋唐長安城の登場

南北朝の統一

北周王室の外戚となった楊堅《ようけん》は政敵を倒して実権を握り、随国公《ずいこくこう》から随王に昇格した。そして五八一年、北周最後の静帝から禅譲《ぜんじょう》を受けて皇帝位につき（文帝）、隋を国号とした。文帝は次に南朝陳を開皇九年（五八九）に滅ぼし、約二七〇年ぶりに中国を統一した。

文帝は即位するとすぐに北周の官制を止めて漢魏の旧制にもどし、北周時代の制度を否定して、漢魏以降の制度を正統として受け継いだ。しかし、実際にはそれほど簡単ではなく個々の問題ごとに検討する必要がある。都城についても同様である。文帝によって建設を命じられた大興城《だいこうじょう》は、それ以前の都城の歴史を受け止め、それらを止揚するとともに、さらに新しい段階へと進んでいったのである。

長い分裂の時代に終止符を打った隋も四〇年足らずで唐に禅譲することとなる。唐は隋の都大興城をそのまま引き継ぎ長安城と改名した。つまり、唐の長安城はもともとは隋の大興城だったのである。ということは唐の長安城を理解するためには、隋の大興城を考えないといけないことになる。

大興城の建設

隋の文帝は即位の翌年、開皇二年、新しい都作りを命じた（『隋書』巻一、高祖上、開皇二年六月丙申条）。これが大興城で、後の唐の長安城である。

文帝は新都の位置を前漢以来の長安城の東南、竜首原《りゅうしゅげん》の地に移した。その理由は、文帝の詔によれば、現在いる長安は前漢以来、長い年月が経過し、度重なる戦乱で荒れ果てており、今いる宮室はその場しのぎのものであり占いなどによっても帝都として人民が集まるのには不十分と指摘されている。そして、左僕射高熲《さぼくやこうけい》以下に新都造営を命令した。そのうち実質的に主導したのは宇文愷《うぶんがい》と考えられている。

文帝はついで一二月、新都に大興城と名前を付けた（『隋書』巻一、高祖上、同年一二月丙子条）。これは北周時代に与えられていた大興郡公にちなんだ命名であった。そして翌開皇三年正月、新都に移るために天下に大赦令を発布し（同開皇三年正月庚子条）、三月に雨の降る中、新都に入城した（同三月丙辰条）。このように造営を命じてから一年も経ないうちに遷都していることから、この時までにおそらく全体が完成していたとは考えられず、まず宮城部分などの主要なところを急ピッチで整えたと推測されよう。

たとえば、二代煬帝《ようだい》の大業九年（六一三）に人夫一〇万人を徴発して大興城を築くとあり（『隋書』巻四、煬帝下、大業九年三月丁丑条）、唐代に入っても、永徽五年（六五四）に羅城を築き（『冊府元亀《さつぷげんき》』巻一四、帝王部都邑第二、永徽五年一〇月条）、同五年三月と一一月にも約四万人を動員して羅城を築いている（『旧唐書《くとうじょ》』巻四、高宗上、永徽五年三月辛未条、一一月癸酉条）。

かつてない大規模な大興城であったことからすれば、短い期間で完成することはなく長い年月をかけて造営されていったものと思われる。

空前の規模と構造

北周を受け継いだ文帝が、いずれ陳を滅ぼして南北朝を統一することを視野に入れながら構想した大興城は、それまでの中国にはない空前の規模と構造を持っていた。その規模や構造については、残念ながら実は正確なことはわからず、そのまま継承したとされる唐の長安城についての知見を援用するしかない。隋の時代に実際にどこまでできていたのか、あるいは全く唐長安城と同じだったのか、など問題はあるが、ひとまず従来通り唐長安城のデータを参照しておきたい。

長安城についてもほぼ半世紀に及ぶ発掘調査の成果があり、文献史料とともに復元がなされている（図11）。それらの成果によると、長安城全体は東西に長い長方形で、東西が

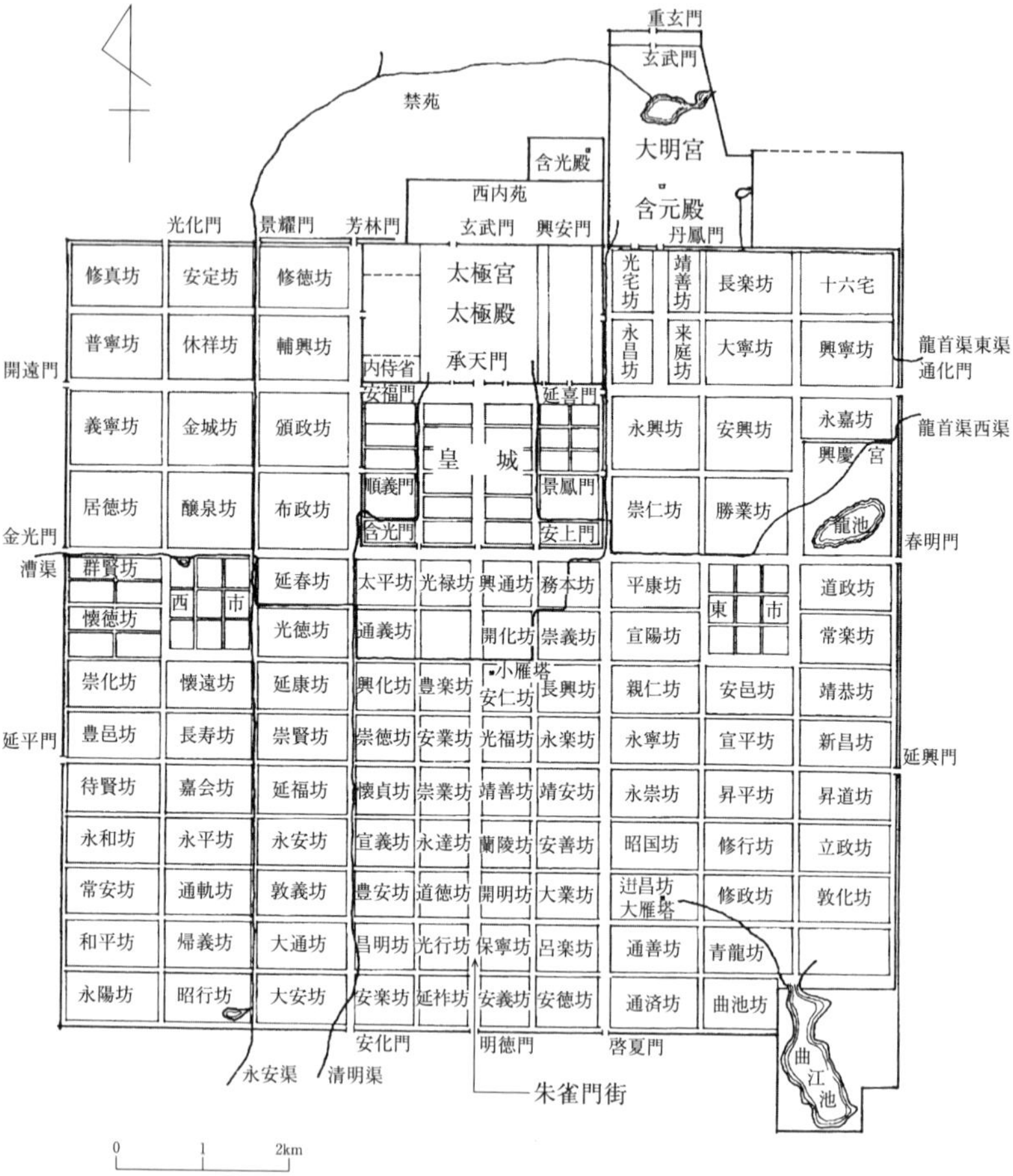

図11　唐長安城（傅熹年主編『中国古代建築史』第2巻〈中国建築工業出版社，2001〉所収．一部改変）

約九七二一メートル、南北が約八六五一・七メートルという壮大なものであった。

その中央北詰には太極宮という皇帝の居所である宮城が置かれ、その南に接して皇城が配置されていた。太極宮は隋の時は大興宮と呼ばれていた。皇城には中央官庁が集められており、官庁街を構成していた。

皇城の南面中央が正門で朱雀門という。この朱雀門から南にまっすぐに伸びる道路が長安城全体の正門である明徳門まで達している。これを朱雀門街（大街）と呼び、幅は約一五〇メートルに及んだ。幅一五〇メートルを超える直線道路は、見る者を圧倒したに違いない。

この朱雀門街を中軸線として東西対称に碁盤目状の町割りが施されていた。この一区画を坊と呼び、全部で一一〇坊があったという。それぞれの坊には固有名が付けられており、ここに住民が暮らしていた。坊の形と面積は場所によって異なるが、四周は土壁に囲まれていた。内部は道路が通され、さらに小区画に分割されていた。一つの坊の大きさは小さなものでも五〇〇メートル四方ほどあり、地方の県城と同じくらいの規模であった。まさに一つの町と言ってもよい大きさである。

その他、城内には、東市と西市という官設の市場が設けられ、東南隅には芙蓉園という苑池があった。北には広大な禁苑がひろがり、漢以来の長安城も含み込まれていた。

隋唐長安城の特異点

壮大なスケールを誇る隋唐長安城については観点によってさまざまな特徴を指摘できるが、ここでは次の三点を提示したい。これら三点は、中国都城史上、重要な意味を持っている。

① 長安城全体が、朱雀門街を中軸線として東西対称に整然と計画されている点。

② 宮城と皇城が長安城の中央北詰に置かれている点。

③ 宮城と皇城が分離され、皇帝の居住区と官庁地区が分割されたこと。さらにこれらと住民の居住区が完全に分離された点。

これら三点が兼ね備わることは、これまで紹介してきた数々の都城には見られなかった。

シンメトリーと北闕型

①の特徴は、朱雀門街を中軸線に東西対称に碁盤目状の方格地割がなされたということである。すでに指摘されているように、北魏洛陽城の外郭から影響を受けたと言えるが、北魏洛陽城の外郭は後から増設されたものであった。それに対して隋唐長安城は最初の計画段階から整然と設計されていたのである。

②のように、宮城を中央北詰に配置したものもそれまで見られなかったものである。従来、北魏洛陽城や東魏・北斉の鄴都南城の影響が指摘されているが、その究極の形と言えよう。前漢の長安城では未央宮は西南に配置され、後漢の洛陽では北宮と南宮が設けられ、

宮城を中央北詰に配置することはなかった。それが曹操の鄴城で見られるものの魏晋洛陽城では北よりとはいえ北闕型ではなかった。建康や北魏洛陽城も同様であった。ただし、大まかに見れば、南西部から北寄りに置かれる傾向にあり、その延長線上に隋唐長安城があると言える。この北闕型の登場については後に再び触れることとしたい。

皇城の誕生

③の点も画期的な要素である。つまり、官庁を一ヵ所に集めて皇城とし、宮城と住民居住区とを完全に分離したのは、従来の都城にはなかったことである。曹操の鄴城で司馬門前の南北道路に官庁が並び、北魏洛陽城でも銅駝街《どうだがい》沿いに官庁が置かれていたが、両者ともにそれ以外の場所にも官庁が配されていたし、軸線道路沿いに官庁が集められていたとはいっても、住民居住区の中であった。それが隋唐長安城では住民居住区とは全く切り離されて一ブロックに集中配置されたのである。ここに大きな画期を見出すことができる。

『長安志《ちょうあんし》』巻七によれば、漢代以降、宮闕の間に人家があり、隋の文帝はそれをよくないと考えて皇城の中に官庁だけを集め居住地区と分離した。これは文帝の新意である、と記述されている。皇城は文帝の新しいアイデアだったのである。

太極殿の誘惑

宮城を中央北詰に配置する北闕型の起源については、戦前から議論がある。那波利貞氏は隋唐長安城の北闕型は、『周礼』考工記の理想的な形

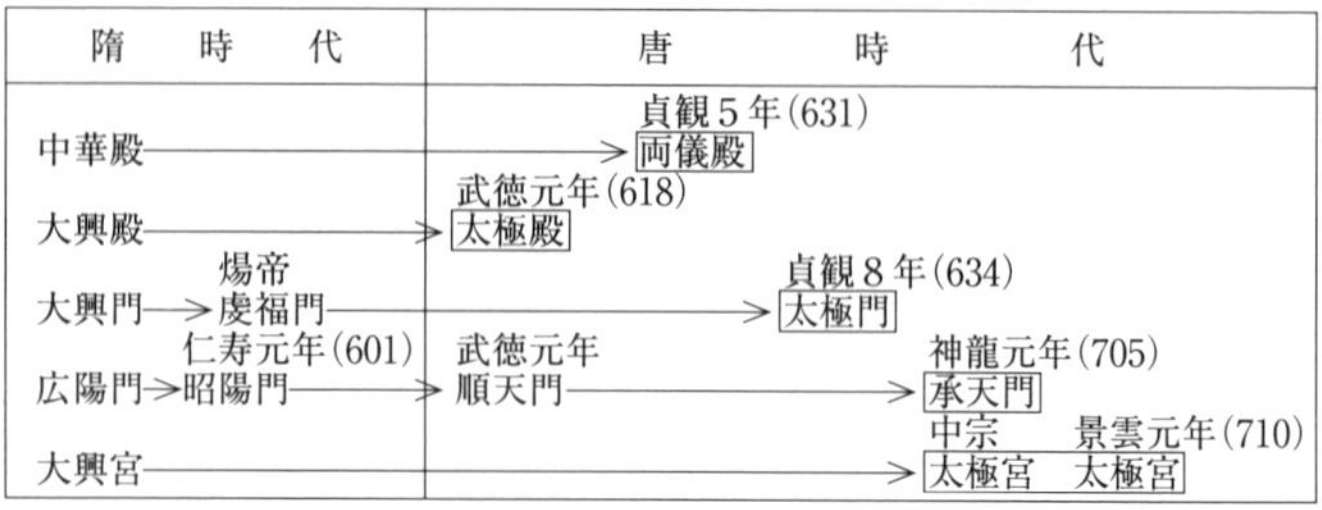

図12　隋唐長安城中枢部の名称の変遷

とは異なっており、北魏洛陽城や東魏・北斉の鄴都南城からの系譜を引いていると指摘された（那波利貞「支那首都計劃史上より考察したる唐の長安城」〈『桑原博士還暦記念東洋史論叢』弘文堂書房、一九三一年〉）。陳寅恪氏は隋唐長安城建造を主導した宇文愷が胡族出身であることから西域の文化の影響もあったとされた（陳寅恪『隋唐制度淵源略論稿』商務印書館、一九四六年）。そして、太極殿・太極宮という名称に注目して、太極とは万物の根源、宇宙の中心であり北極星を中心とする星座を意味することから中央北詰に配されたとする考え方も提起されている（駒井和愛「唐長安式都城の起源についての小考」〈同『中国都城・渤海研究』雄山閣、一九七七年〉。妹尾達彦『長安の都市計画』講談社、二〇〇一年）。

しかし、ここで注意が必要なのは、唐長安城は隋大興城をそっくり継承したとはいえ、両者は別物である点である。確かに唐は建物名などを改変しただけであった。だが、設計計画段階では、それは唐長安城ではなく隋大興城だったのである。ということはその設計趣旨はまず大興城として考えなければならない。そこで太極殿を中心に宮城の中枢部の殿門名の変遷をまとめると（図12）、六一八年、李淵《りえん》（唐初代高祖）は隋の禅譲を受けるとすぐに大興殿を太極殿と改名し、太極殿で皇帝に即位した（『旧唐書』巻一、高祖紀、武徳元年五月戊午条・甲子条）。同時に宮城の正門を順天門《じゅんてんもん》と改名している（『冊府元亀』巻十四）。つまり、高祖は隋から禅譲されると同時に正殿と正門の名前を改め、これによって王朝の交替を象徴的に示したのである。ということは大興城設計段階では正殿は太極殿ではなかったのである。

さらに太極殿前の門の名前は、隋代は大興門《だいこうもん》、ついで虔福門《けんふくもん》と変わり、唐代に入って二代太宗の貞観八年（六三四）になって太極門《たいきょくもん》と変えられた。そして、四代中宗の神龍元年（七〇五）に順天門が承天門《じょうてんもん》と改名され、宮城も太極宮と称された（『新唐書』巻三七、地理一）。

中宗は数奇な人生を歩んだ皇帝で、いったんは即位するも武則天によってすぐに退位させられ、代わりに立った睿宗も退位させられて武則天自身が即位し『周礼』にちなんで周と国号を改めた。そして、武則天の最晩年、再び中宗が帝位に登った。それが神龍元年であった。つまり、一度周に交替した王朝を再び唐王朝に復したのがこの時であった。それと同時に正門を承天門と改称し、宮城を太極宮としたのであろう。ただし、中宗の次に睿宗も再び皇帝になるが、その景雲元年（七一〇）にも大宮を太極宮となすと見える（『冊府元亀』巻一四）。どちらが正しいのか、あるいは時間をおいて命名し直しているのか、判断が難しい。だが、いずれにしても太極宮と命名されるのは七〇〇年代になってからということになる。

このように太極宮という名前自体は唐になってしばらく経ってから付けられており、太極殿も唐になって付けられた名前であった。とするなら太極殿や太極宮という名前から大興城の設計コンセプトを類推することはできない。

なぜ大興城は北闕型になったのか。実はその解答を持ち合わせていないのだが、いくつかの可能性に思いをめぐらせてみよう。

大興城の構造

まず那波氏の指摘の通り、北魏洛陽城と東魏・北斉鄴都南城の延長線に位置づける考え方があろう。次にやはり皇帝とその居所を北極星に見立てる意識は秦漢以来厳然と存在するのだから太極殿という名称の如何に関わらず、北極星に擬《なぞら》えて北闕型となったとする理解もあり得よう。このうち、前者については北魏以前、曹操の鄴城も同様で、宮城を北に配置する形は曹操の時にすでに考えられていたと言える。そして、両者の可能性自体を否定する理由は特になく、むしろ大興城が生まれる前提となっていたと考えられよう。

もう一つの可能性を中国の世界観から考えてみたい。中国では皇帝とその都を中心に四方に世界が広がっていて、都から遠いほど文明が及ばなくなると考えられている。この世界観からすると、皇帝と都は世界の中心に位置していることになる。と同時に皇帝は世界の頂点に君臨している。たとえば元日朝賀では正殿に出御する皇帝を頂点として、その南に臣僚・異民族が秩序正しく整列し拝礼を行うのである。つまり、皇帝を扇の要《かなめ》として、その南面に世界が広がっていることになり、皇帝はその場の中心にはいないことになる。

しかし、これは矛盾ではなく巨大な四角錐形の世界の頂点に皇帝がいて、真上から見ると皇帝を中心に四方に世界が広がって見え、真横から見ると三角形の頂点に皇帝がいるように見えるのである。すなわち、両者の実態は同じで見方によって見え方が異なっていただけなのである。仮に前者を「中心」観、後者を「頂点」観と表現すると元日朝賀は「頂点」観なのである。つまり、四角錐という立体を二次元平面に投影した空間であった。

この「頂点」観自体は、前殿と前庭という空間において古来からすでに存在していたのである。その空間構造を都城全体に及ぼしたのが大興城ではなかろうか。ここで妹尾達彦氏が都城全体が儀礼空間になったと指摘されていたことが参考となる（妹尾達彦前掲書）。

中国の世界観

皇帝を頂点とする儀礼を行う場合は上下の秩序を表現する必要があるため、扇の要に皇帝が位置する形を取らざるを得ない。妹尾氏の言うように都城全体が儀礼空間化すると、その構造は「頂点」観型になる。それが大興城の構造と言えないだろうか。

太極殿からの脱却

隋の文帝は大興城の正殿に太極殿という名前を付けなかった。それは曹魏明帝以来の伝統ある太極殿からの脱却であった。そして、東堂・西堂が付属する形式も採用しなかった。長らく正統な宮殿スタイルであった太極殿・東堂・西堂からなる形式をとらなかったのである。かわりに用いたのは周の三朝制であった。つまり、中華殿《ちゅうかでん》を内朝、大興殿を中朝、広陽門《こうようもん》を外朝とした宮殿構造であった。

隋が禅譲を受けた北周ではすでに太極殿から脱却していた。これを受けて隋も周の三朝制を採用したのであろう。正統な王朝の宮殿形式として太極殿スタイルを持つ南朝陳に対して、それを遡る周の宮殿構造を復活させて、自らの正統性を主張したのである。

唐の長安城として

隋は短命に終わり六一八年、唐に禅譲する。唐はそのまま大興城を引き継いでいる。宮城の中枢部では太極殿の名称が復活するが東堂・西堂はなく、周の三朝制によっていた。すなわち、南から外朝の承天門、中朝の太極殿、内朝の両儀殿《りょうぎでん》の三朝制である。そして、長安城の東北にさらに大明宮《だいめいきゅう》が建設される。大明宮ははじめは太上皇の居所であったが、三代高宗時代以降、皇帝の居所となっていった。

大明宮の中枢部も三朝制によっていて、南から外朝の含元殿《がんげんでん》、中朝の宣政殿《せんせいでん》、内朝の紫《し》宸殿《しんでん》という構成であった。このうち含元殿は両側に楼閣を備えた壮大な建築であった。

隋唐長安城の特徴

ここまで見てきたように隋唐長安城は、長い都城の歴史の中から生まれてきた。しかし、従来の都城とは隔絶した都であった。それは宮城を中央北詰に配し、官庁街の皇城を完全に独立させ、整然とした碁盤目状の町割りを行った点である。そして、極めて計画的に設計され、しかもそれぞれの性格が整理されていた。それは隋の文帝の新意によるものであり、南北朝統一を目前に、北方異民族など漢族の融合と皇帝の絶対的地位を演出する舞台装置であった。その意味で大興城は革新的であり、格段に進化した帝国型都城であった。

この衝撃を東アジア諸国の都がどのように受け止めたのかを次に見ていきたい。

日本の都

藤原京への道

日本で初めて本格的な中国風の都城として建設されたのが藤原京であった。

藤原京

藤原京は持統天皇八年（六九四）に、飛鳥浄御原宮《あすかきよみはらのみや》から遷都した都で、瓦葺きで基壇上に建つ大極殿《だいごくでん》・朝堂院《ちょうどういん》を備え、碁盤目状に区画された京域を持つ、まさに中国風の景観を有する初めての都であった。

このように日本史上、画期的であったが、その実像はよくわからないままであった。それが昭和初め頃、日本古文化研究所による発掘調査が行われ、その大極殿・朝堂院の遺構が姿をあらわしたのである。その後も中断はありながらも現在まで調査は進められ、藤原京の姿が明らかになりつつある。

藤原京という名称は実は当時の名前ではなく近代になって使われるようになったもので

ある。その宮城である藤原宮《ふじわらきゅう》という名称は『日本書紀』の中に見られるが、藤原京という名称は出てこない。おそらくその京域を指す言葉は「新益京《あらましのみやこ》」であり、この新益京は『日本書紀』にあらわれている。この新たに益したということが後に述べるように重要な意味を持っている。しかし、以下の記述では通例に従って藤原京という名称を使うこととする。

以下、藤原京成立までの経過をたどり、中国都城と比較しながら藤原京の概要を整理してみたい。

律令国家建設と都城

古代の日本が中国の進んだ文物を取り入れていったことは周知の通りである。中国の律令を手本として日本でも律令とそれにともなう制度を整え、いわゆる律令国家を建設していった。日本の律令国家は一気にでき上がったわけではなく、さまざまな段階を経ながら徐々に形作られ、大宝元年（七〇一）の大宝《たいほう》律令《りつりょう》の完成によってひとまず達成されたのである。しかし、刑罰法である律と行政法である令が完備した大宝律令の完成は、同時にその修正の時代の始まりでもあった。施行していく中で、課題があらわれ、それらを微調整しつつ平安時代まで行くことになる。

日本における都城の歴史も、この律令体制の整備とその後の展開に歩を同じくしながら進んでいくのである。

宮と京

隋唐長安城についてはすでに紹介した通りであるが、簡単にパーツに分解すると、皇帝が居住し政務・儀礼の場である太極宮という宮城と、官庁が集中配置されている皇城、さらに住民が生活している京域の三つから構成されていた。隋より前には皇城が未成立で、役所は京域の中に所在していた。この段階では都城は宮城と京域の二つの構成要素に分解できる。そして、京域全体は土を積み上げた城壁によって囲まれていたのである。つまり、中国の都城では宮城とそれを取りまく京域がセットで存在していたことになる。

これに対して日本の古代においては当初、宮だけがあって京域は律令国家建設の過程で作られるようになったのである。すなわち、律令制度が導入される以前には日本の政権中枢として宮があり、それを取り囲む城郭は存在していなかったのである。この城郭の有無が日本と中国の都城との大きな違いの一つであった。

推古天皇の小墾田宮

大化改新以前の宮の具体的な姿についてはあまり明らかにはなっていない。文献史料もごく僅かであり、考古学的にも地方のいわゆる豪族居館という地方豪族の家などの発掘調査事例があるものの大王宮の全貌は霧の中である。

そうした状況下で、岸俊男氏は推古天皇の小墾田宮《おはりだのみや》の復元を試みられた（図13。岸俊男

「朝堂の初歩的考察」〈同『日本古代宮都の研究』岩波書店、一九八八年〉）。岸氏は『日本書紀』に見える隋の使者裴世清《はいせいせい》を宮中に迎えた記事や新羅・任那の使者を迎えた記事、さらに推古天皇の死の直前の様子を伝える記事などをもとに小墾田宮の構造を復元されたのである。その後、細かい修正点などは幾人かの研究者によって提示されているものの基本的には現在も認められている復元案である。

　その復元案によると、南に宮門（南門）があり、この門を入ったところが朝庭で、そこには庁（朝堂《ちょうどう》）があった。朝庭では隋などの使者によって国書の奏上などの外交儀礼が行われ、庁は「まつりごととの」と訓じられ、臣下が侍する場で、後の朝堂院の朝堂につながるものとされる。その北に大門《だいもん》（閤《こう》門《もん》）があり、その中に大殿があって、ここが推古天皇の生活の場であり政治の場でもあった。この小墾田宮の形態が、後の内裏・朝堂院の原型となると考えられる。

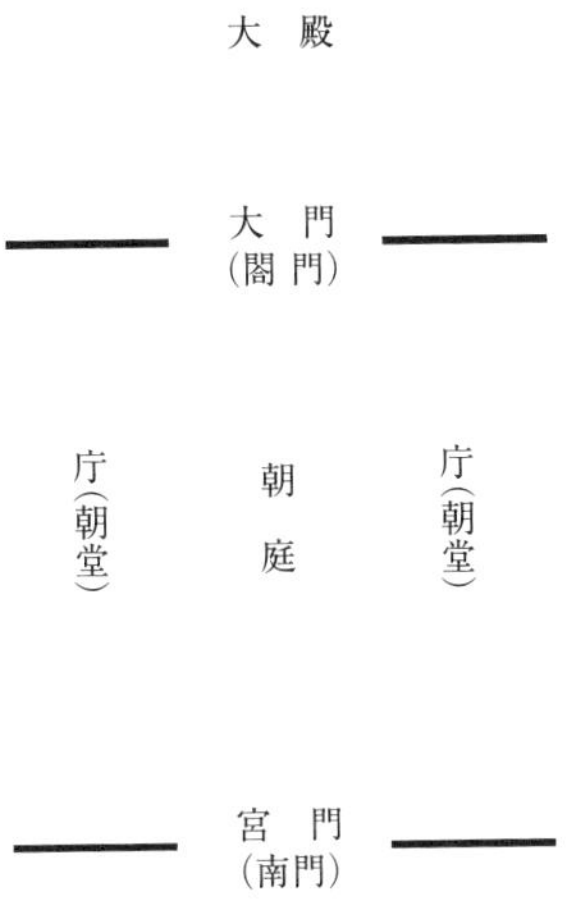

図13　小墾田宮（岸俊男『日本の古代宮都』〈岩波書店，1993〉所収）

難波宮へ

　六四五年六月、飛鳥板《あすかいた》蓋宮《ぶきのみや》で一大事件が起

こった。朝廷内で実権を握っていた蘇我入鹿《そがのいるか》が、中大兄皇子《なかのおおえのおうじ》と中臣鎌足《なかとみのかまたり》らによって殺害されたのである。入鹿の父蝦夷《えみし》も自邸に火を放って自殺し権力を握っていた蘇我本宗家が滅亡した。これ以降の国政改革が大化改新と呼ばれる。

事件後、皇極天皇は退位して孝徳天皇が即位した。改新政府は飛鳥から難波に都を遷した。白雉三年（六五二）九月、新しい宮が完成し、その宮殿は壮大で言葉にしがたいほどであったという（『日本書紀』白雉三年九月条）。これが難波長柄豊碕宮《なにわながらとよさきのみや》である。その表現しようもないと評された宮殿群は半世紀にわたる発掘調査によって姿をあらわしてきている。その遺構は前期難波宮と呼ばれている。遺構から復元される形は後の藤原京の内裏・大極殿・朝堂院に近似しており、小墾田宮から一気に飛躍していることがうかがえる。その先進性については節を改めて整理してみたい。

飛鳥から大津へ

空前の規模の難波長柄豊碕宮は二年ほどしか続かず飛鳥に都がもどされてしまう。ここで皇極前天皇が再び天皇位に即き斉明天皇となり、後飛鳥岡本宮《のちのあすかおかもとのみや》に入った。しかし、六六三年の白村江《はくそんこう》の戦いでの敗戦を経て近江大津宮《おうみおおつのみや》に都は遷され、中大兄皇子が即位して天智天皇となった。近江大津宮についても発掘調査によってその様子が明らかにされてきている（図14）。

遺構は前期難波宮と同じように南に朝堂院が展開すると考えられているが、近年林部均

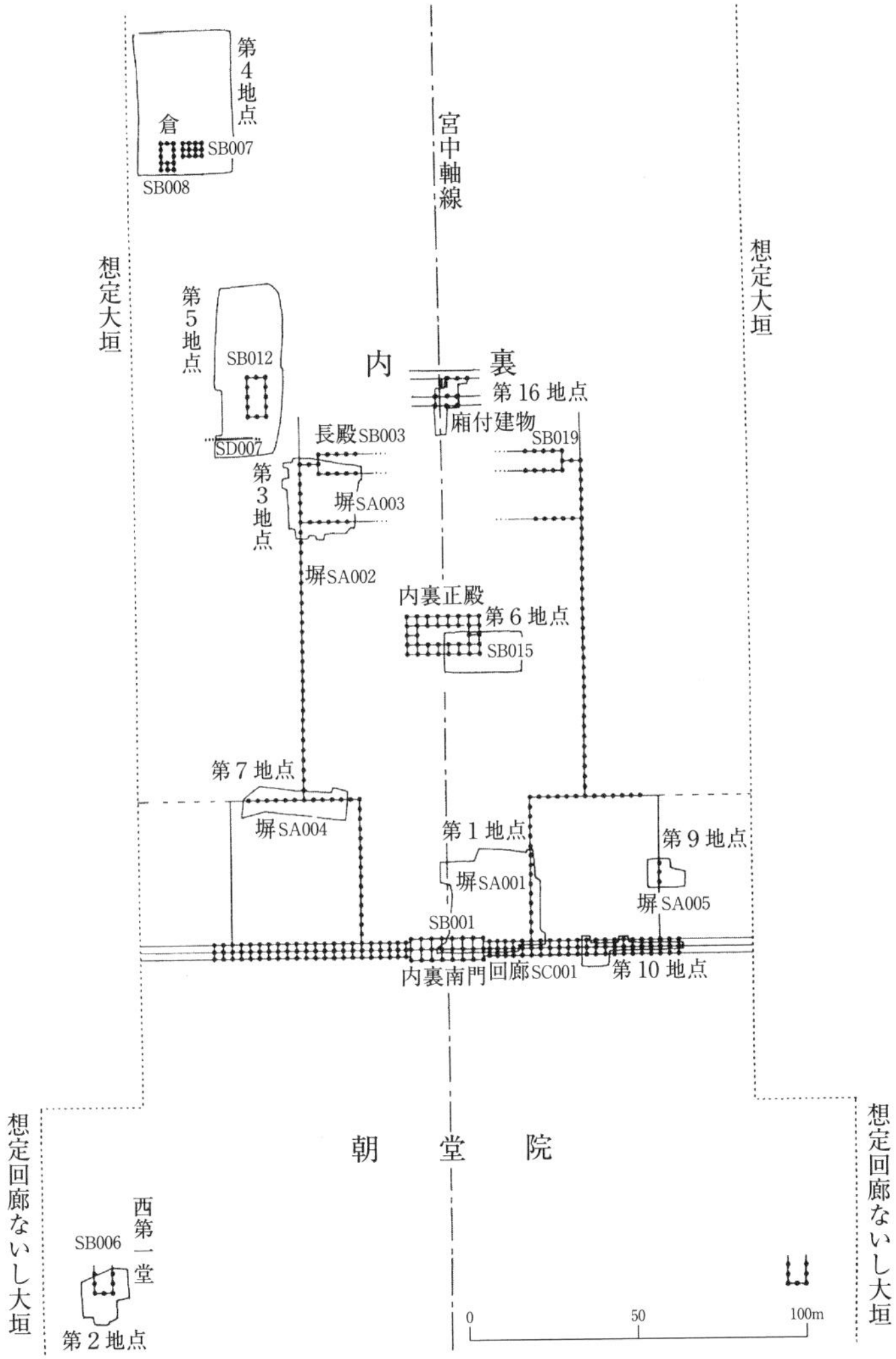

図14　近江大津宮（林博通『大津京跡の研究』〈思文閣出版，2001〉所収）

氏によって飛鳥宮Ⅲ—A期の遺構との類似性が指摘されている（林部均『古代宮都形成過程の研究』青木書店、二〇〇一年）。つまり、近江大津宮に移る前の後飛鳥岡本宮との共通性を見出された見解である。

この指摘に従うと、近江大津宮は前期難波宮ではなく後飛鳥岡本宮に系譜を持つ宮であったことになる。そうであれば、前期難波宮の特異性、あるいは先端的な性格を持っていたことがより鮮明となろう。

飛鳥浄御原宮へ

天智一〇年（六七一）一二月、天智天皇が近江大津宮で崩御した。翌年、天智の子の大友皇子と弟の大海人《おおあま》皇子との軍事衝突が起こり、大海人皇子が勝利を収めた。壬申の乱である。大海人皇子は飛鳥にもどり、後飛鳥岡本宮の南に宮室を作って移り住んだ。これが飛鳥浄御原宮である。そして、ここで即位して天武天皇となった。

飛鳥浄御原宮については、すでに一般向けとして林部均氏の『飛鳥の宮と藤原京』（吉川弘文館、二〇〇八年）が刊行されており詳細はそちらを参照いただきたいが、簡単に概要を紹介しておこう（図15）。

飛鳥浄御原宮は外郭に囲まれた中に内郭とエビノコ郭という二つの区画がある。内郭は後飛鳥岡本宮を継承しているとされ、エビノコ郭は天武天皇によって岡本宮の南に作られ

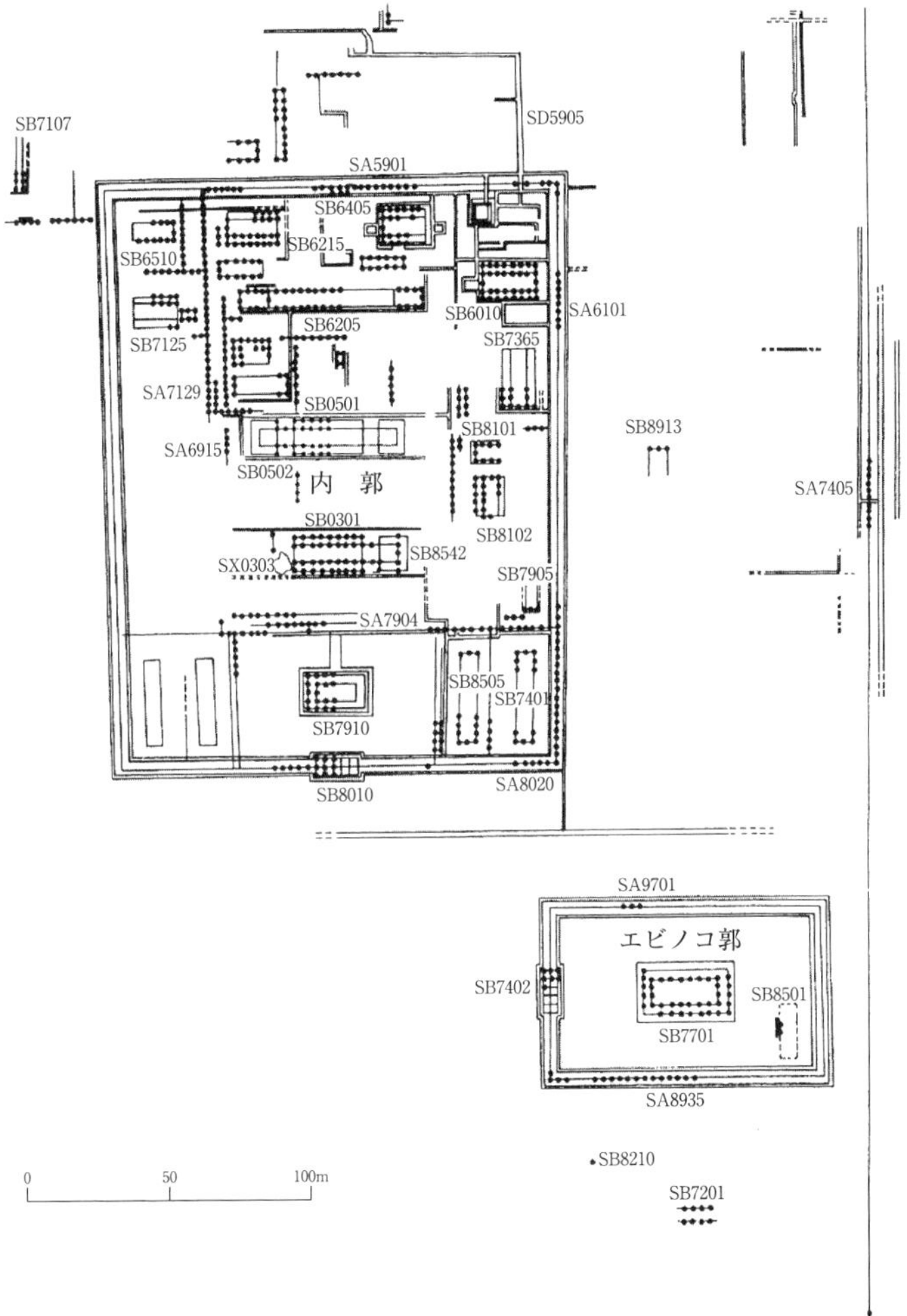

図15　飛鳥浄御原宮（飛鳥宮Ⅲ―B期）
（林部均『飛鳥の宮と藤原京』〈吉川弘文館，2008〉所収．一部改変）

た「宮室」とする見解もある。

内郭の内部は、南三分の一に正殿SB七九一〇があり、塀を挟んで北三分の二に二つの正殿SB〇五〇一とSB〇三〇一があって、この区画が天皇の生活空間と考えられている。

エビノコ郭には最大級の正殿SB七七〇一があり、四方を塀で囲まれて西面に門SB七四〇二が開く。郭内には正殿の東南に脇殿SB八五〇一が置かれていた。そして、このエビノコ郭正殿が大極殿であったと考えられるようになってきている。つまり、ここで大極殿が成立したということになるが、大極殿の成立については後で再び触れることにしたい。

飛鳥浄御原宮に居を定めた天武天皇は、次に新しい都作りに着手する。しかし、この事業はなかなか進まず、最終的には天武天皇自身の死によって頓挫してしまう。

天武朝の都作り

『日本書紀』天武天皇五年（六七六）に、「新城《にいき》」に都を作るために、その予定地の田畑の耕作を止めておいたのに、結局ついに都は作られなかったという記事が見える（『日本書紀』同年是年条）。このことから早い段階から天武天皇が新しい都を作ろうとしていたことが知られる。しかし、しばらく空白期間があり、同一一年三月一日になって、三野王《みののおおきみ》らを新城に派遣して都とするために地形を視察させている（『日本書紀』同一一年三月甲午朔条）。ついで三月一六日には天武天皇自身が新城に行幸している（同三月己酉条）。以上の史料から新城の造営が継続していたことがうかがえる。

さらに同一二年一二月には、都城宮室は一ヵ所だけではなく二、三ヵ所が必要である。そこでまず難波に都を置こうと思うので役人たちは行って宅地を受けなさいという詔を発布した（同一二年一二月庚午条）。これは難波長柄豊碕宮（前期難波宮）を引き継いで整備したものと考えられる。さらに同一三年二月には、広瀬王らと陰陽師・工匠たちを畿内に遣わして都とすべき土地を占わせて視察させている（同一三年二月庚辰条）。

このように天武天皇は都を複数作ることを考えており、同一三年三月に自ら京師を巡幸して宮室の場所を定めている（同三月辛卯条）。

天武天皇は飛鳥以外にも難波も都とし、その他にも都として適当な場所を探させていたようである。そして、自ら視察してまわり宮地を定めたが、翌一四年（六八五）に体調を崩してしまう（同一四年九月丁卯条）。一時回復したようであるが、次の朱鳥元年（六八六）九月に死去した（同朱鳥元年九月丙午条）。天武天皇の死によって新しい都作りは中断してしまった。

藤原京遷都

天武天皇の死後、長い殯《もがり》の期間を経て、六九〇年正月、天武天皇の皇后が即位して持統天皇となった。持統天皇は飛鳥浄御原宮を継承したが、夫天武天皇の遺志を継いで新しい都作りを再開する。

即位した年の一〇月、高市《たけち》皇子に藤原宮地を視察させ（同持統天皇四年一〇月壬申条）、一二月には持統天皇自身が藤原に行幸して宮の地を見ている（同一二月辛酉条）。天武天皇が晩年に定めた宮地のことと思われるが、ここが藤原宮の場所となるのである。

翌五年一〇月には、使者を派遣して新益京の地鎮祭を行わせている（同五年一〇月甲子条）。この史料が新益京の初見記事である。一二月には右大臣以下に対して身分に応じて宅地を与えている（同五年一二月乙巳条）。

さらに翌六年正月に持統天皇は新益京の路を視察した（同六年正月戊寅条）。ついで五月には難波王らを遣わして藤原宮の地の地鎮祭を行って（同六年五月丁亥条）、伊勢以下の神々に新宮のことを報告した（同五月庚寅条）。そして、ついに持統天皇八年一二月、持統天皇は藤原宮に居を移して藤原京に遷都した（同八年一二月乙卯条）。ここに日本最初の本格的な中国風の都城が誕生したことになる。

藤原京の姿

藤原京は日本ではじめて条坊制《じょうぼうせい》が導入された都であった。条坊制というのは、中国の都城を模倣して都の中に碁盤目状の町割りを施した制度である。藤原京の碁盤目状の町割りは、天武天皇が着手した新城の町割りを踏襲していると考えられている。ただし、新城の町割りが実際にどの範囲に施工されていたのかはよくわかっていない。とはいえ、飛鳥の北方に展開していた京域は新たに益した都ということになる。そして、藤原宮の下層にもその時の道路跡が見つかっていることから、藤原宮の位置は区画が施されてから決定されたと推測される。つまり、はじめから宮地を決めて都が造営されていったわけではなかったのである。

藤原京の復元

藤原京の復元については、岸俊男氏による復元案が通説として受け入れられていたが、その復元案の外からも条坊道路跡が発見され、近年はもっと大きな藤原京の復元案が提示され、現在有力な説とされている（図16。中村太一「藤原京と『周礼』王城プラン」〈『日本歴史』五八二、一九九六年〉。小澤毅「古代都城『藤原京』の成立」〈同『日本古代宮都構造の研究』青木書店、二〇〇三年〉）。

この説によれば、藤原京は全体が十条十坊からなる正方形のプランとなる。そして、その中央に藤原宮が位置していたとされる。このような形は、隋唐長安城が東西に長い長方形であったことと大きく異なり、北魏洛陽城や東魏・北斉鄴都南城とも違っていたことがわかる。加えて藤原宮が都全体の中心に位置する点も隋唐長安城などには見られなかったことである。しかし、正方形の京の中心に宮が配置される都が理念上存在していた。それが『周礼《しゅらい》』考工記《こうこうき》に描かれた理想の都である。すなわち、十条十坊説では、『周礼』考工記に見える理想上の都をモデルとした、理念先行型の都であったと捉えるのである。

十条十坊説によれば、藤原京がモデルとしたのは北闕《ほっけつ》型の隋唐長安城などではなく、中

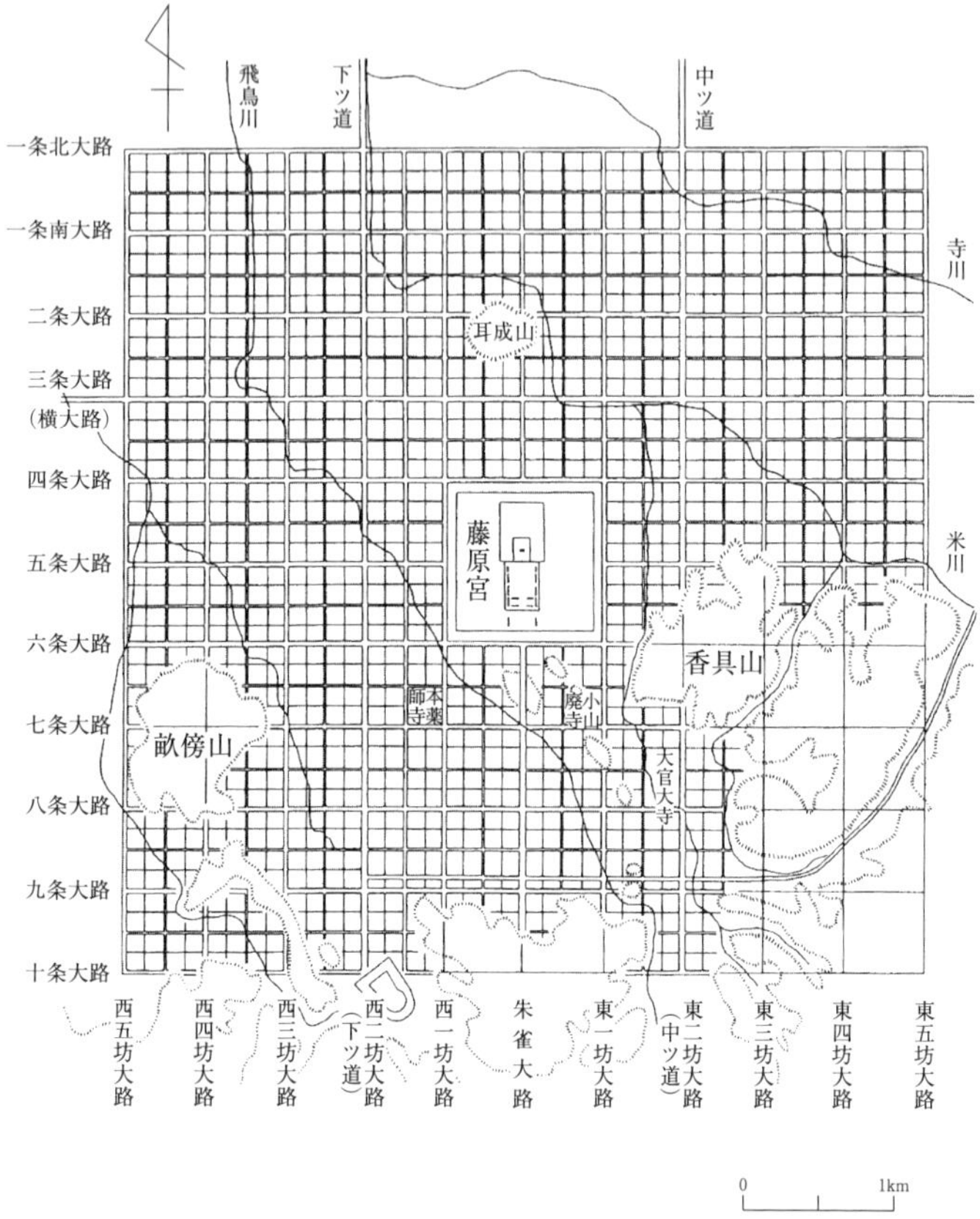

図16　藤原京（小澤毅『日本古代宮都構造の研究』〈青木書店，2003〉所収）

国史上でも現実には確認されていない『周礼』型の都であったことになる。しかし、次の平城京では長安城と同じく北闕型が採用される。それは大宝二年にしばらくぶりに遣唐使が派遣されて長安城との違いが明らかになったため平城京に遷都して長安城と同様の北闕型を採用したためと推測されている。

十条十坊説の検証

十条十坊説は近年有力になりつつあるものの、全く問題がないわけではない。先掲書で林部氏が課題となる点をまとめられている。大きくまとめると二つの課題があるようである。一つは、現実的に十条十坊であったのかどうかという点である。二つには、『周礼』考工記に本当に基づいていたのかどうかという点である。

一点目の本当に十条十坊で確定なのかどうかについては、今後も検証が必要で、林部氏が指摘されるように現実には平坦地にのみ条坊が施工されて、不規則な形であったと予想される。とするなら、設計段階では十条十坊であったが、施工段階では実際に可能な範囲に施工されたため不規則な形となったのか、計画段階から平坦地に条坊を施工していくつもりであったのか、といったいくつかの可能性が存在していよう。これからの発掘調査などによるデータの増加によっては評価が変わっていく可能性があろう。

次に『周礼』型の都であったのかどうかについてであるが、林部氏は『周礼』という体系的な政治システムや思想全体を受け入れないで、都の形だけを真似することに疑問を持たれている。その他にも次のような課題もあろう。

まず十条十坊説が成り立つことが『周礼』モデル説の前提条件であるから、十条十坊説の成否に左右されることが指摘できる。

『周礼』との関係

次に『周礼』考工記は、すでに紹介した通り大変記述が簡単であり、現実に建造物を造営するためには細かいことをたくさん補って決めていく必要がある。たとえば藤原宮の正殿である大極殿という名前は当然『周礼』考工記には見えない。おそらく隋唐長安城の太極殿、あるいは魏晋南北朝の太極殿を意識して付けられたと考えられる。また、藤原京の朱雀大路は幅が約二四《メートル》あり、約七四《メートル》の幅を持つ平城京の朱雀大路より規模は小さいが、藤原京の一般の大路の幅が約一六《メートル》であることからすると、明らかに朱雀大路を大きく作っていることがわかる。このように朱雀大路を他の大路より大規模にすることは、やはり隋唐長安城の朱雀門街を意識していたと考えないわけにはいかないであろう。

このように記述が簡単な『周礼』考工記だけでは現実に都を造営するには不十分であり、中国の都から知識を応用していることは明らかである。つまり、『周礼』考工記以外の知識が必要であったし、実際に取り入れていたのである。

そのように理解すると、『周礼』型都城をモデルとしつつ隋唐長安城などの要素も取り込んでいたということになるのか、または逆に隋唐長安城を意識していたものの地形やその他の諸条件によって結果として『周礼』型のような外見になってしまったのか、といった可能性が考えられよう。今後も検証が重ねられることが望まれる。

大極殿の誕生

日本で大極殿が成立したのは藤原宮であったと考えられてきた（狩野久「律令国家と都市」〈同『日本古代の国家と都城』東京大学出版会、一九九〇年〉）。それ以前には史料上には天武朝に大極殿が多く見えることから、天武天皇の飛鳥浄御原宮で成立していたとされてきた（福山敏男「大極殿の研究」〈同『福山敏男著作集』五、中央公論美術出版、一九八四年〉）。

それに対して狩野氏は天武朝の大極殿は、その一郭に臣下を呼び入れて行事が行われていたが、藤原京以降は全くそのようなことがなくなることから藤原宮以降の大極殿一郭は天皇の独占的空間となったのであり、これが大極殿の成立であると指摘された。以後、狩野説が受け入れられていったが、飛鳥浄御原宮のエビノコ郭大殿の発見が次の段階へと研究を導いていった。

エビノコ郭大殿は天武朝に建造され、桁行九間・梁間五間で四面庇《しめんひさし》が付く大型建物である。この大規模な正殿を天武朝の大極殿と見る考え方が有力になりつつある。

天武天皇のエビノコ郭大殿が大極殿として建造されたとして、狩野氏の指摘はまだ重い意味を持っているように思われる。すなわち、藤原京以降の大極殿一郭は臣下を呼び入れることがなくなり、天皇の独占的空間に変わったという指摘である。ここに天皇の権威が頂点に達し、その象徴的な性格を大極殿が帯びることになるのである。この点に天武朝の大極殿との大きな差異が存在している。その意味では天皇の絶対的な権威のシンボルとしての大極殿は藤原宮で成立したと考えても誤りではなかろう。

名称と実態

しかし、大極殿という名称自体は、もっと以前、天武朝から使われていたとしても特に問題はない。それが大方の賛同を得つつあるエビノコ郭と考えられる。つまり、天武天皇は壬申の乱に勝利して権力を掌握し、自らの権威の象徴としてエビノコ郭大殿に「大極殿」と名前を付けた可能性がある。おそらく中国における宇宙の中心を象徴する太極殿を意識していたと思われる。それが藤原京以降、さらに飛躍して天皇の独占的空間へと変化したのではないだろうか。

どの段階で大極殿が成立したとするかは、大極殿の概念規定の内容による。名称だけをもって大極殿の成立とするなら天武朝の可能性が高く、絶対的な天皇権威と直結した段階とするなら藤原京で成立したことになろう。

そして、建物の形式に違いがあったことも注意される。エビノコ郭大殿は掘立柱《ほったてばしら》の高床建築であり、内郭の正殿と同じ構造であった。それに対して藤原京の大極殿は石製の基壇上に礎石に柱を立て、屋根には瓦を葺いた中国風の建築であった。この違いも見逃すことはできない。両者の間に大きな跳躍があったと見られる。伝統的な様式のエビノコ郭大殿から中国様式へと転換したのである。当然、藤原宮では中国皇帝を強く意識していたに違いない。中国皇帝に比肩しうる存在に天皇もなろうとしていたのであろう。しかも大極殿一郭は天皇の独占的空間となっていた。ここに天皇位の絶対化が表現されていた。エビノコ郭大殿との段階差は明らかであろう。

建築様式の違い

中国皇帝に似せた装いの建築を実現したのは藤原宮大極殿が初めてであった。しかし、実際に天皇の地位を中国皇帝に匹敵するものとして位置づけられたのは、藤原京遷都と同時というよりは、その前であったと考えた方が現実的ではなかろうか。つまり、実質的な変化が先行して、次に入れ物としての建築ができ上がったと想定できる。

それではその変化はいつ起こったのか。持統三年（六八九）に飛鳥浄御原令《あすかきよみはらりよう》が頒布されたことが契機の一つと考えられる。ここで律は未整備ではあるが、中国の法制度が具体的に導入され、天皇位の絶対化が明確になったのではないだろうか。それによって、より中国風の儀礼空間が必要になったと思われる。その結果、藤原宮では中国風の建築様式による大極殿が建設されたのである。

こうして中国風の大極殿が完成し、条坊制の京域を実現した藤原京が誕生した。しかし、それでも不十分であった。それが平城京遷都へと突き動かしていくこととなる。

平城京遷都

藤原京から平城京へ

ようやく形をなしてきた藤原京は、遷都からわずか一六年で廃され、和銅三年（七一〇）、新たな都である平城京に遷ることになる（『続日本紀』同年三月辛酉条）。

持統天皇から譲位されて即位した文武天皇は、慶雲四年（七〇七）二月、諸王臣の五位以上の者に詔を出して遷都のことを議論させた（『続日本紀』慶雲四年二月戊子条）。藤原京遷都から一〇年ほどで、早くも遷都のことを審議させていたことになる。しかし、同年六月に文武天皇は死去する。その後即位したのは元明天皇であった。

文武天皇の死によっていったん頓挫したようであるが、元明天皇は和銅元年二月、平城遷都の詔を発した（『続日本紀』和銅元年二月戊寅条）。その後、大伴宿禰《おおとものすくね》手拍《たうち》を造宮卿《ぞうぐうきょう》という長官に任命し、九月には自ら菅原と平城に行幸して地形を視察した（同年九月壬申条・戊寅条）。ついで造平城京司《ぞうへいじょうきょうし》を設けて（同年九月戊子条）、一〇月には伊勢神宮に平城造営のことを報告している（同年一〇月庚寅条）。さらに京域に入る菅原の地の住民九〇家ほどに物を与えて移住させている（同年一一月乙丑条）。一二月には平城宮《へいじょうきゅう》の地鎮祭を行っている（同年一二月癸巳条）。そして、翌和銅三年三月、平城京に遷都した。

北闕型の平城京

新都平城京は藤原京とは異なって宮城が中央北詰に位置する北闕型であった（図17）。一見してわかる通り唐長安城と似ている。ただ長安城が東西に長い長方形であるのに対して、平城京は南北に長く東に外京《げきょう》という張り出した部分が付いていた。

平城京は中軸線となる朱雀大路《すざくおおじ》を挟んで東の左京《さきょう》と西の右京《うきょう》に分かれ、南北が九条、東西にそれぞれ四坊ずつに区画され、左京の一条から五条にかけて、さらに東に三坊分の街区（外京）が付属していた。この外京を除いた本体だけで、東西約四・三キロ、南北約四・八キロとなる。後に右京の北に北辺坊という張り出し部分が追加される。

宮城である平城宮は中央北詰に置かれ、その正門朱雀門から南に朱雀大路が通じていた。朱雀大路の幅は約七四メートルあり、藤原京より遥かに規模が大きくなった。その南端に羅城門が開かれていた。そして、その東西にだけ羅城、つまり築地塀《ついじべい》などが作られていた。それ

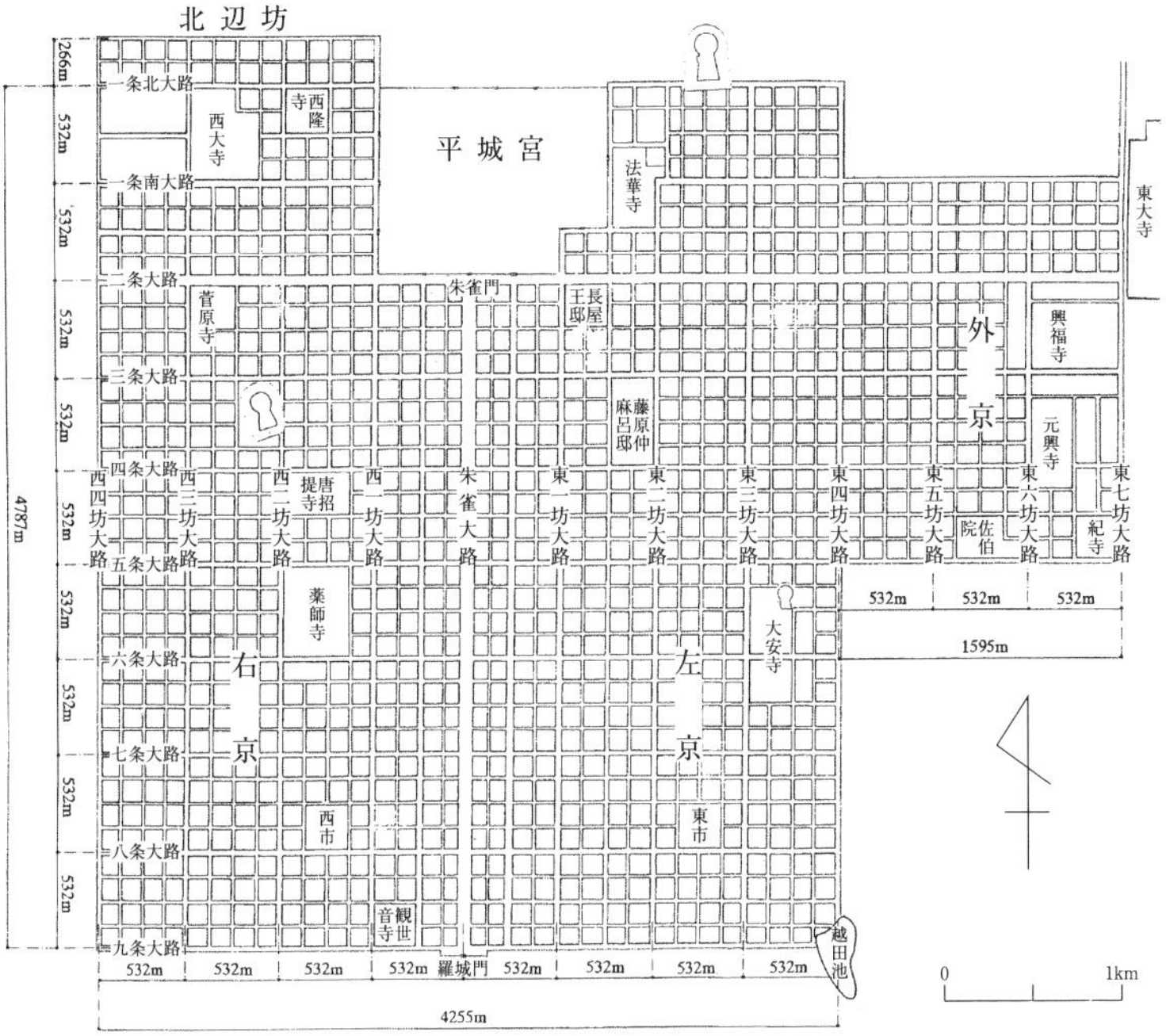

図17　平　城　京

（奈良文化財研究所『日中古代都城図録』〈クバプロ，2002〉所収）

以外の外周には中国のような城壁はなかったのである。

外京が付属していたり、外郭の城壁が存在しなかったり、異なっている点はいくつかあるものの基本的な平面構造は藤原京と比べると一気に唐長安城に近づいたと言えよう。しかし、その中で異なっている部分が存在しており、そうした違いの中に日本の都の特徴や本質が隠されていると思われる。

平城京も十条だったのか

二〇〇五年と七年に行われた下三橋遺跡の発掘調査は、平城京について新しい問題を提起した。これまで平城京は南北九条と復元されてきたが、南京極の九条大路より南から条坊の遺構が発見されたのである。つまり、十条目が見つかったことになる。しかも十一条以南は存在しないという（山川均・佐藤亜聖「平城京・下三橋遺跡の調査成果とその意義」〈『日本考古学』二五、二〇〇八年〉）。とすると藤原京の十条十坊説が想起される。藤原京が十条のプランであったことを受けて、平城京も十条の形で建設されたのではないかと考えてみたくなる。

しかし、現段階ではもう少し慎重な議論を重ねる必要があるように思う。たとえば、小澤毅氏は平城京と密接な関わりを持つが、あくまで羅城の外の京外であったと指摘されている（小澤毅「藤原京の成立と構造をめぐる諸問題」〈王維坤編『古代東アジア交流の総合的研究』国際日本文化研究センター、二〇〇八年〉）。

十条目は現時点では東半分の左京で発見されており、西半分についてはまだ未確認である。また、平城遷都後、比較的短期間で廃絶したと見られる。つまり、平城京の当初の設計では十条であったが、実際に遷都してすぐに九条に修正されたということになる。

なぜはじめ十条であったものを九条に変更したのか、その経緯を今後も検討していく必要があろう。藤原京が十条であったことと関係づけるとしても、九条に変更した理由が存在したはずであり、その事情を考えていくことが求められよう。平城京の南辺の状況は、藤原京から平城京に遷都した事情を考える上でヒントの一つを与えてくれるだろう。

二つの朝堂院

北詰に位置する平城宮には第一次と第二次の朝堂院が二つ存在していた。当初、二つは時期差があったと考えられていたが、第二次朝堂院の下層からも同様の施設が検出されたことから、両者は遷都はじめから併存していたことがわかっている。そこで以下、今泉隆雄氏に従って〈今泉隆雄「平城宮大極殿朝堂再論」〈同『古代宮都の研究』吉川弘文館、一九九三年〉〉、第一次・第二次ではなく朱雀大路の真北にある第一次朝堂院を中央区、その東の第二次朝堂院を東区と記すこととする〈図18〉。

東区は北から内裏・大極殿院・朝堂院が連なっており、藤原宮の構造を継承している。下層遺構は掘立柱建物であったが、上層遺構は礎石建物に改変される。中央区は藤原宮にはない全く新しいスタイルで、巨大な大極殿院の北三分の一ほどが一段高い龍尾壇《りゅうびだん》で、

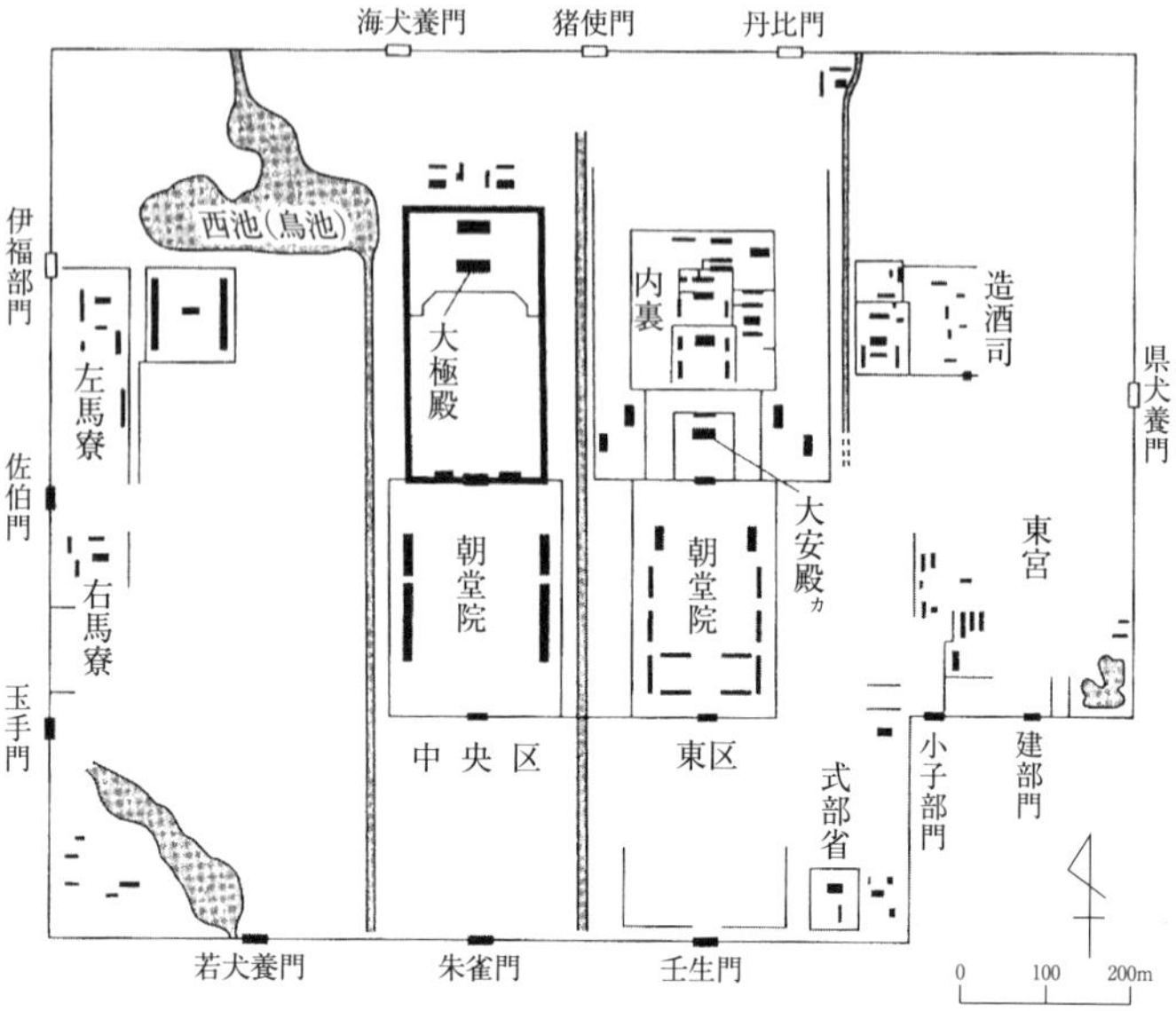

図18 平城宮
(舘野和己『古代都市平城京の世界』〈山川出版社,2001〉所収.一部改変)

その上に大極殿が聳えていた。南三分の二ほどは広い広場となっていた。大極殿院の南には四棟の朝堂からなる朝堂院が設けられていた。

両者について今泉氏は、中央区が朝儀や饗宴などの儀礼の場で、東区が朝政という日常政務の場であったと指摘された。

このように平城宮では、藤原宮以前にはない新しい形態の中央区が登場した。新形式の中央区は狩野氏らが指摘しているように唐長安城大明宮の含元殿をモデルにしていると考えられる。含元殿は龍尾道を登った壇上に聳え立っていた。このような形態を模倣していたのであろう。

なぜ平城京へ

藤原京は天武天皇の新城造営の段階から持統天皇による遷都まで長い準備を経た都であった。しかし、遷都から一六年で平城京へ遷都してしまう。後世の目から見ると、とても短命な都であった。ではなぜ平城京に遷ってしまったのであろうか。

藤原京から平城京に遷都した背景についてはすでにさまざまな角度から指摘されている。たとえば、地形的に藤原京は南が高く北が低いことや、南辺が丘陵部にかかっていて都全体の正門である羅城門の存在も確かではない点などである。また、大宝二年（七〇二）の遣唐使が久しぶりに唐に派遣され、唐の長安城と藤原京との違いを帰国後報告し、その報告を受けて長安をモデルとした平城京造営が行われたという指摘もある。

また、藤原京の朱雀大路が問題点としてあげられている。つまり、長安城の朱雀門街は幅約一五〇《メートル》という、通行するための機能を大きく越えた規模であった。それに対して藤原京の朱雀大路は、一般の大路よりは広いと言っても約二四《メートル》ときわめて貧弱であった。しかも、京南辺は先述のように丘陵部になっていて京南端まで通じていた可能性も低く、正門である羅城門も建設されていたかは疑わしい（林部均前掲書）。

このような問題点を抱えていた中で、大宝度の遣唐使が帰国したわけである。そこで長安城をモデルとした都城の建設が求められるようになったとされる（井上和人「古代都城建設の実像」〈同『日本古代都城制の研究』吉川弘文館、二〇〇八年〉）。

近年の論調としては、藤原京の不十分な点と長安城との相違点を指摘し、大宝度の遣唐使によって長安城の情報がもたらされると、長安城をモデルとする都作りに向かっていったと考える傾向が強い。

大宝度の遣唐使

確かに大宝度の遣唐使帰国後に遷都について議論がなされ、平城京も一気に長安城に近づいた。その意味では大宝度の遣唐使が平城京遷都と無関係であったとは考えにくい。しかし、はたして長安城の情報をこの時にはじめて入手したとまで言えるかどうか。『隋書』にしか見えない六〇〇年の遣隋使以降、大宝以前には通算して一四の遣隋使・遣唐使が中国に渡っている。これらの使者は隋唐の新しい都について見聞していたであろう。大宝度の遣唐使だけが見聞できたとは考えにくい。程度の差はあったとしても何らかの情報を得ることはあったのではないだろうか。そう考えると大宝度の遣唐使だけを特別視することには慎重にならざるを得ない。

天智朝と天武朝

大化改新の後、大宝律令編纂にいたる律令国家の完成までは単線的に進んでいくように思われるが、やはり途中には紆余曲折があった。その中で大きな事件の一つとして壬申の乱があげられよう。天智天皇と天武天皇とでは大きくは同じ方向を向いていたようであるが、若干ニュアンスに温度差があったように感じられる。

天武天皇は天武一〇年（六八一）に皇后（後の持統天皇）とともに大極殿に諸臣を召して律令の編纂を命じ、天武亡き後の持統三年（六八九）に飛鳥浄御原令が完成する。その他、官僚制度や地方行政制度を整備していった。つまり、律令国家の形を次々と整備していったのであり、しかも具体的な施策として整えていった。その推進力は天智天皇とは温度差があった。

そして律令国家が形を整えていくのと平行して、天皇位の絶対化も推し進められていく。『万葉集』には、「おおきみは　神にしませば　赤駒の　腹這う田居《たい》を　京師《みやこ》と成しつ」（巻一九、四二六〇）の歌がある。壬申の乱後、天皇位が神格化されていったことをうかがわせる。その地位は律令国家のモデルである中国の皇帝にも匹敵するものでなければならなかった。それを実際に地上に表現したのがエビノコ郭大殿の大極殿ではなかろうか。そして、その先には中国皇帝の都と同じものを作る必要性が生まれていく。

それに対して天智朝は、どこまで具体的に視野に入っていたのであろうか。このことが隋唐長安城について見聞は持ちながらも、その認識の度合いを左右していた可能性がある。

天武・持統・文武の三代にわたって律令制度を整え、藤原京という都城も建設した上で、唐にわたった大宝度の遣唐使の目は、それ以前とは異なっていたのではないだろうか。唐の都の帝国型都城に対しても、それ以前より深く認識できたと想像される。

再び大宝度の遣唐使について

藤原京も、大極殿と朝堂院という儀礼空間を設け、朱雀大路も一般の大路より幅を広く作ってみた。しかし、それではまだまだ不十分だったのである。隋の文帝が考え出した帝国型都城は、都という小宇宙の頂点に宮城を置き巨大な軸線道路である朱雀門街が都の中心を宮城に向かって貫いて皇帝の求心性を表現していた。藤原京も朱雀大路の幅を大きくしていたことからすると、それなりに意識していたのであろう。だが、全く不十分であった。中国の都城は、宮殿群を壮麗にし儀礼空間を壮大にするだけの段階から、朱雀門街を中軸として都全体を皇帝権力の絶対性を表現する巨大な舞台装置とする段階に進んでいたのである。それが藤原京建設を経験した大宝度の遣唐使やその報告を聞いた朝廷の人々には理解できたのではないだろうか。

以上の理解はあくまでも私の想像の域を出るものではない。これまでもさまざまな議論が積み重ねられており、今後も詳細な検討が進められることが望まれる。

先述のように平城宮には二つの大極殿・朝堂院が併存していた。このうち東区は藤原宮と同じく一二棟の朝堂からなり、概ね同じ構成であった。それに対して中央区は全く新しい構造であった。この中央区の機能については、今泉隆雄氏の研究があり、以下、それを参照しつつ概要をまとめておく（今泉隆雄前掲論文）。

中央区の新機軸

大極殿院は広い朝廷を南に配し、大極殿は前面に磚《せん》を積み上げた擁壁《ようへき》を備えた龍尾壇上に聳えていた。この大極殿は藤原宮大極殿を移築したもので、後に恭仁宮《くにのみや》の大極殿として移築されることとなる（小澤毅「平城宮中央区大極殿地域の建築平面」〈同『日本古代宮都構造の研究』青木書店、二〇〇三年〉）。

そして、正門の大極殿閤門の東西には楼閣が建ち、門外に東西二棟ずつの朝堂を配置した朝堂院が設けられた。

擁壁を備えた龍尾壇上の大極殿と朝庭は唐長安城含元殿を模倣したものとされ、即位儀礼など重要な儀式に使われたと考えられる。一方、四朝堂の朝堂院は饗宴などの場とされ、中央区はまさに儀礼のための空間であった。そうした儀礼空間が中央に配置されていることから、平城宮は儀礼を重視した設計であったとされる。

広すぎる朱雀大路

藤原京の朱雀大路の幅が約二四メートル《メートル》だったのに対して、平城京では約七四メートル《メートル》と倍以上に拡幅された。このような幅の道路は自動車もない当時においていかに広かったかが想像される。

　また、日本の都では一つ一つの坊を囲む坊城垣《ぼうじょうがき》という壁は作られなかったが、唯一、朱雀大路の両脇の区域のみ築かれていた。平城京では朱雀大路の両側の東西一坊の築垣《ついがき》だけは作られていたと考えられている。そして、南端の羅城門の東西だけに、あるいは京南辺のみに羅城が築かれていた。このように都の正門を入ると広い朱雀大路が両側だけ築地を備えて平城宮朱雀門までまっすぐ北に延びるという景観であった。しかし、羅城門東西以外に羅城はなく、朱雀大路も一歩裏にまわると坊城垣も存在しなかった。まさに映画の撮影セットのような姿と言えよう。羅城門から入京し朱雀大路を通って平城宮に至る外国使節の目を意識した舞台装置だったのである。

　唐の宮殿を模倣した中央区、さらに外見だけ整えた羅城門と朱雀大路、これらは天皇権力を象徴的にあらわす装置であり、都城は権力表象の場であったとされる（今泉隆雄「権力表象の場としての古代宮都」〈『国立歴史民俗博物館研究報告』七四、一九九七年〉）。

　言いかえれば、権力を示す場は宮中だけではすまなくなり、都全体がいわば儀礼空間と化したことを意味している。これは隋唐長安城で明確になった都の新しい形であり、都全体が権力・権威を表現するための舞台装置となったのである。この本質を模倣しようとした時、新しい都として平城京を建造せざるを得なくなったのである。平城京は隋唐長安城の儀礼空間としての骨格だけを導入した都であった。セットの裏には長安城とは全く異なる景色が広がっていた。

難波宮の先進性

古代の難波

大化改新後、飛鳥から難波に都が遷り、完成したのが難波長柄豊碕宮《なにわながらとよさきのみや》である。その遺構が前期難波宮と呼ばれているものである。前期難波宮は後の大坂城の南半に位置し、上町台地の北半に作られた。この地域はそれ以前から難波津《なにわのつ》という大和朝廷の重要な港津《こうしん》であった。

台地上には古墳時代の集落跡も見つかっているが、五世紀後半に大規模な倉庫群が作られるようになる。これを法円坂遺跡というが、大規模な高床式の倉庫一六棟が東西方向に並んで南北二列に分かれて規則正しく建てられていた。倉庫はいずれも東西五間、南北五間で、東西の長さが約一〇メートル、南北の長さが約八〜九メートルの規模を持っていた。東西の長さが南北のそれより少し長いので東西棟の建物であったとされる。内部は柱筋の交点全てに柱が立つ総柱《そうばしら》形式で、棟持柱《むなもちばしら》なども存在した。

しかし、これらの倉庫群は長くは続かなかった。だが、六世紀以降も開発は進み、難波津は大和政権の港津として重要な役割を果たしていった。

難波津と迎賓館

推古天皇一六年（六〇八）、隋の使者裴世清《はいせいせい》が前年隋に渡った遣隋使小野妹子《おののいもこ》にともなわれて日本に派遣され、九州筑紫《つくし》に上陸した。その後、裴世清たちは難波津に到着し、彼らのために新しく作った「新館」という迎賓館が用意された。その時、飾船三〇艘で彼らを迎えたという（『日本書紀』推古一六年六月丙辰条）。そして、八月に裴世清たちは飛鳥に着いて小墾田宮《おはりだのみや》で隋の国書と進献物を奏上する儀式が行われた。この時の記事などから岸俊男氏は小墾田宮の構造を復元されたのである。

これ以降も外国使節の迎接のために難波津は活用されており、難波館や高麗館、三韓館などの迎賓館の名前が見られる。その他に難波大郡《おおごおり》と小郡《おごおり》という施設も存在した。

難波大郡は、欽明天皇二二年（五六一）、来航した新羅の使者が貢献物を献上した場所で、その際、この使者は百済の後に並ばされたことに腹を立てて、中に入らないで帰国した（『日本書紀』欽明二二年是歳条）。このように難波大郡は、地方行政区分の郡ではなく外交儀礼を行ったりする施設であったと考えられている。小郡も同様の施設とされ、また、壬申の乱の時に将軍大伴吹負《おおとものふけい》が駐留して西日本諸国の官鑰《かんやく》・駅鈴《えきれい》・伝印《でんいん》を進上させたとあり（『日本書紀』天武元年七月辛亥条）、政治的な拠点施設でもあったらしい。ただし、大化改新後の大化三年（六四七）、小郡を壊して宮室を造営して小郡宮とし、礼法を定めているから（『日本書紀』大化三年是歳条）、かつての小郡のままであったのかは疑問が持たれる。

このように難波には外国使節を迎え入れるための迎賓館のような施設や外交儀礼を行うこともできる施設などが設けられていたのである。

難波遷都

改新政府は、大化元年一二月に都を飛鳥から難波に遷した（『日本書紀』大化元年一二月癸卯条）。老人たちが春から夏にかけて鼠が難波に向かっており、遷都の兆しであると言っていたという。しかし、実際にはすでに存在している施設を利用していたと考えられている。その間に新しい宮殿の造営が進められていた。

これら『日本書紀』に見えるいくつかの宮室については、その関係についてこれまでさまざまな議論がなされてきている。ここではその議論の過程を紹介しても煩雑なので、近年、諸説を整理された吉川真司氏の説に従って概略を述べてみたい（吉川真司「難波長柄豊碕宮の歴史的位置」〈大山喬平教授退官記念会『日本国家の史的特質』古代・中世、思文閣出版、一九九七年〉）。

吉川氏は直木孝次郎氏の説を発展的に継承して、難波における宮室は二段階で造営されたとする。まず大化元年以降に造営を開始して同三年に完成した小郡宮があり、ついで同五年に難波長柄豊碕宮に遷ったとされる。そして、翌年九月造営が完了し、その宮殿は説明できないくらいのものであった。このように難波には小郡宮と難波長柄豊碕宮の二つが相次いで造営されたのである。

小郡宮の礼法

改新政府は以前からあった小郡を改造して小郡宮を作った。そこでは次のような新しい礼法が定められた。

位階を持っている者は、必ず寅時（現在の午前三時から五時）に小郡宮の南門の外に左右に整列し、日の出の時を待って庭に入り拝礼をして庁に侍れ。遅刻した者は入ることはできない。そして、午時（午前一一時から午後一時）になって鐘の音を聞いてから退庁せよ。その鐘を突く役人は赤い布を前に垂らせ。その鐘の台は中庭に立てよ。

ここで有位者全員が朝早く小郡宮に参集し、朝庭で拝礼を行って庁に着き、お昼頃に退庁するという礼法が定められた。これは毎朝、有位者を天皇のもとに参集させるシステムが作られたことを意味している。この点で小郡宮は画期的な宮室であった。

一方でその構造は小墾田宮の構造を継承していた。白雉元年（六五〇）、小郡宮とは明記されてないが、おそらくそうであろう宮において白い雉が献上された（『日本書紀』白雉元年二月甲申条)。その様子は以下のようであった。

朝庭には元日朝賀のように隊列が整列し、紫門《しもん》の外に左右大臣や百官人が四列に並んだ。白い雉を載せた輿《こし》を先頭に左右大臣・百官人と百済王子らが紫門を入り中庭に至った。雉の輿を孝徳天皇の座る殿前に進め、さらに天皇の御座の前に置いた。天皇は皇太子の中大兄皇子を召して一緒に見た。

この白雉献上の様子から朝庭の北に紫門という宮門があり、その中に天皇の大殿があったことが推測され、小墾田宮と共通した殿舎構成であったと考えられる(岸俊男前掲論文)。つまり、基本的には小墾田宮の延長線上に位置づけられよう。ただし、白雉献上の様子や礼法の規模の大きさからすると小墾田宮より大規模であったように推測されるが、遺構などが見つかっていないため、これ以上踏み込むことはできない。

朝堂と朝政

小墾田宮や小郡宮に見える庁は、後の朝堂に展開していくと考えられる。朝堂とは官人たちの執務のための建物であった。朝堂における政務を朝政《ちょうせい》というが、毎朝、朝参した官人がお昼まで執務したのが朝堂であった。一二棟の朝堂が朝庭を囲むように立ち並ぶ一郭が朝堂院で(後期難波宮と長岡宮は八棟)、その北に大極殿が建っていた。この大極殿・朝堂院の基本的な形は藤原宮で確立して以降の宮に継承されていった。

一二棟の朝堂には各役所が割り当てられていた。たとえば、図19は平安時代の史料によって整理したもので、太政官と八省、弾正台の他、親王にも朝堂が割り当てられていた。官人は必要に応じて朝堂間を往来して上司の決裁を受け政務を進めていた。

近年、吉川真司氏はさらに論を展開され、朝堂の本質的機能は五位以上官人、つまり貴族たちが天皇のもとに侍候《じこう》する空間であったと指摘されている（吉川真司「王宮と官人社会」〈上原真人他編『列島の古代史—ひと・もの・こと—3』岩波書店、二〇〇五年〉）。小郡宮

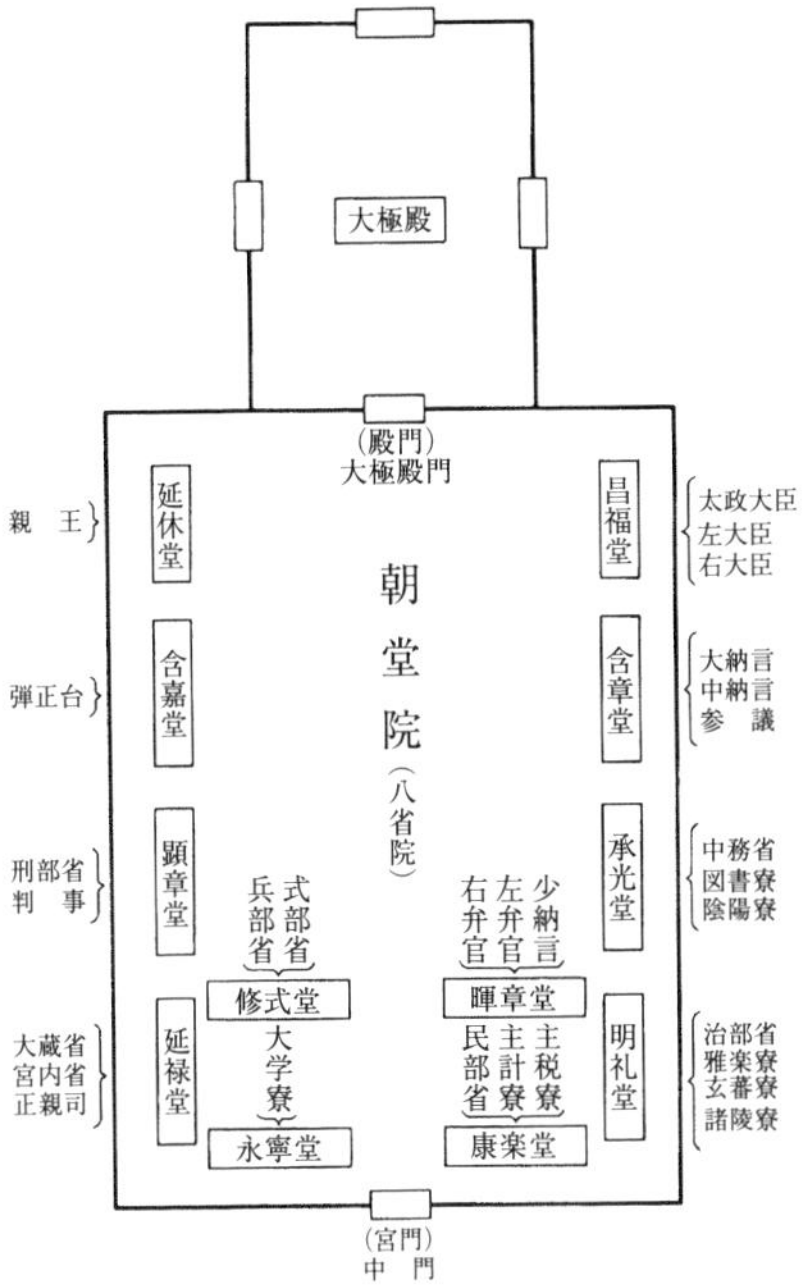

図19　朝堂院と役所（岸俊男『日本の古代宮都』〈岩波書店，1993〉所収．一部改変）

の礼法でも「庁に侍れ」とあり、本来、侍候空間であったことを示唆している。

前期難波宮のかたち

言葉では表現できないとまで伝えられる難波長柄豊碕宮は、半世紀以上に及ぶ発掘調査によって姿をあらわした前期難波宮が相当すると考えられる。

確かに前期難波宮の遺構は空前の規模の朝堂院相当施設を持ち、藤原宮以降の大極殿・朝堂院の祖型と言える形態をしている（図20）。後の朱雀門に相当する南門が見つかっており、この門を入ると東西に南北棟の建物が対称に建てられていた。これらは後の朝集殿《ちょうしゅうでん》にあたると思われる。朝集殿は毎朝朝参した

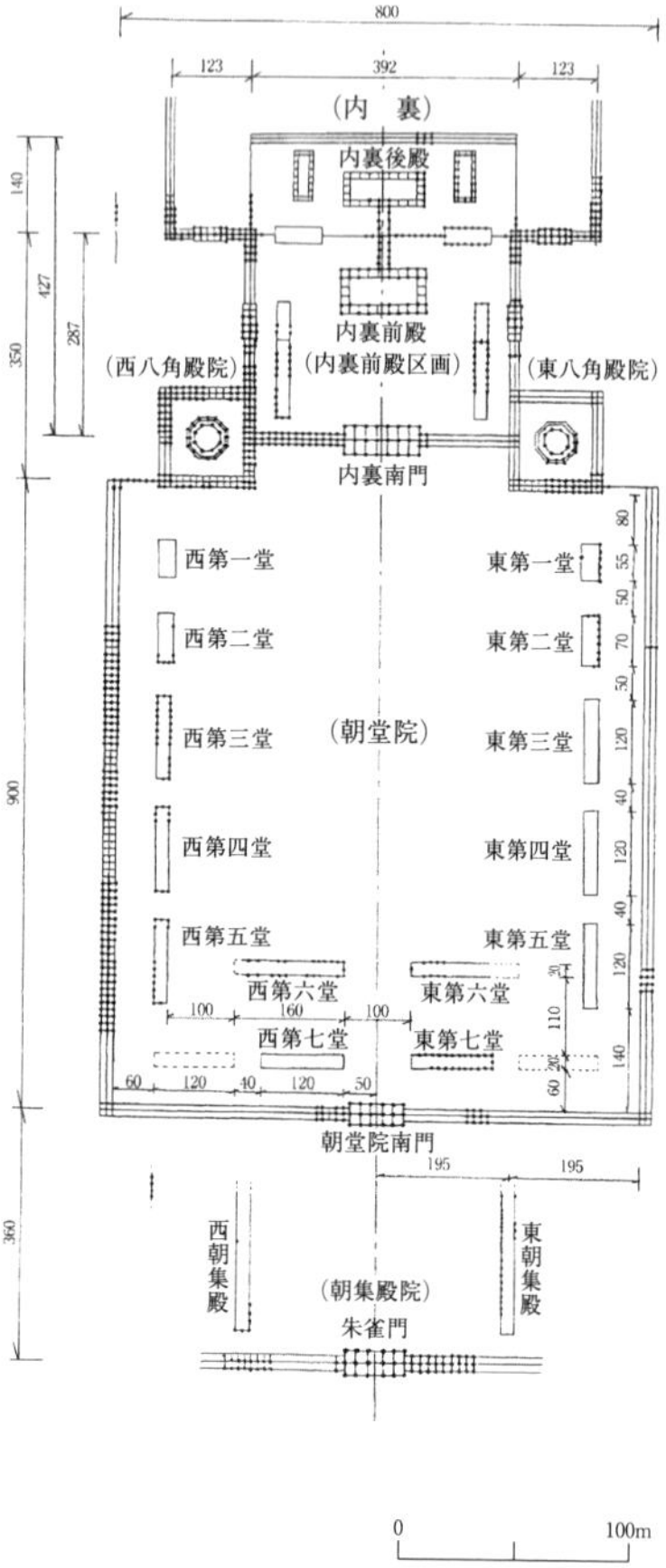

図20　前期難波宮

（植木久『難波宮跡』〈同成社，2009〉所収）

官人たちが、朝堂院に入るまでの控えの場であった。その北に後の朝堂院に相当する施設がある。以下の記述では煩わしいので、「朝堂院」と「 」付きで表記する。

「朝堂院」は、東西二三三・四メートル、南北二六三・二メートルの大きさで、複廊によって囲まれ、内部は広い朝庭を取り囲んで、少なくとも一四棟の朝堂が東西対称に立ち並んでいた。朝堂は一六棟とする推定もある。そして、北には内裏南門があり、その東西に八角形の楼閣が聳えていた。この内裏南門は宮の中で最大規模を誇り、桁行七間、梁行二間であった。

内裏南門を入ると内裏前殿があり、東西対称に長殿《ながどの》と呼んでいる南北棟の脇殿が配置されていた。さらに内裏前殿は軒廊《こんろう》という渡り廊下で内裏後殿《こうでん》と結ばれ、この後殿にも脇殿が付属していた。そして、内裏前殿と後殿の間は塀で区切られていた。以上が前期難波宮の中枢部の概要になるが、いずれも掘立柱建物であった。他に北西に倉庫群、東側にも官衙跡が見つかっている。

広大な「朝堂院」

以上のような前期難波宮の遺構は、藤原宮以降の大極殿・朝堂院との類似性が強いことから、改新直後に造営されたことを疑う意見も存在するが、やはり一体として建設されたとされている。そう考えると前期難波宮はきわめて先進的な宮室であったと言える。しかし、すでに先行研究でも指摘されているように相違点も存在している。

前期難波宮の特徴の一つとして、広大な「朝堂院」があげられる。このことについては、早川庄八氏が改新政府の新しい政策を実現していく過程で、全国の国造《くにのみやつこ》や豪族、一般人民までも参集させているが、その場が「朝堂院」であり、そのためのスペースを確保するために広大な朝庭を持つ「朝堂院」が必要であったと指摘された。そして、それ以上に、その壮大さで被支配者を圧服させる意味があったと評価された（早川庄八「前期難波宮と古代官僚制」〈同『日本古代官僚制の研究』岩波書店、一九八六年〉）。

このようにそれ以前にはあり得なかった人間や大人数を収容することに対応して、広大な朝庭が作られたと考えられよう。しかもその規模の壮大さは新政権の力を見せつけるのに十分であったろう。

小郡宮と長柄豊碕宮

改新政府は、飛鳥から難波に都を遷して、二つの宮室を造営した。小郡宮と難波長柄豊碕宮である。小郡宮についでは残念ながらその遺構が見つかっておらず具体的なことはよくわからない。しかし、礼法や白雉献上の記事からおおよその空間構成は推測できる。一方の難波長柄豊碕宮は前期難波宮の遺構が相当することから、宮殿の構成を具体的に知ることができるが、詳細に記した文献史料があるわけではない。

小郡宮と難波長柄豊碕宮は僅かな年数を隔てるだけであり、当然なぜ短期間に二つも宮室が作られたのかが問題となろう。

小郡宮の画期的な側面を評価しながらも難波長柄豊碕宮の隔絶性を評価する見方がある（吉川真司「難波長柄豊碕宮の歴史的位置」）。それに対して小郡宮は単なる一時的な王宮ではなく改新政府にとって重要な舞台装置であったとする見解もある（古市晃「難波地域の開発と難波宮・難波京」〈吉村武彦他編『都城』青木書店、二〇〇七年〉）。

二つの宮のどちらを画期的と評価するのかが問題であるが、小郡宮の遺構が確認されていない段階で評価するのははなはだ難しい。新しい礼法を制定したことからすれば小郡宮は政策意図をある程度満たしていたと考えられる。その点では画期的な側面を充分持っていたのである。しかし、あくまで既存の小郡を壊して造営したものであり、そうした面で制約があったと推察される。それが新たに難波長柄豊碕宮を作る必然性を生んでいたと思われる。礼法というソフトの整備が先行し、追いかけて宮殿というハードが整ったと考えられる。

内裏前殿の独立

前期難波宮の遺構で従来注目されているものの一つに内裏前殿がある。藤原宮以降であれば大極殿にあたる建物であり、大極殿の成立過程を考える際に取り上げられる重要な殿舎である。その建物遺構は内裏が突出した区画に建てられており、内裏の後殿と軒廊によって連結している。このような構造から次のように理解されている。かつての大殿が持っていた公的な機能が分離して内裏前殿に担われるようになって公私が分離された。しかし、内裏後殿と軒廊でつながっており、あくまで内裏の中にとどまっていることから内裏から完全に独立していたわけではなかった。つまり、後の大極殿が内裏から独立していたのに対して、まだ内裏の一部であったと考えられる。

小墾田宮では、推古天皇は大殿で生活し、同時に政治的な活動もしていたと考えられており、この段階では私的な性格と公的な性格の両方を大殿が持っていたとされる。それに対して前期難波宮では内裏前殿に公的性格が分離したと想定されているのである。そして、大極殿へと展開していくこととなる。この点でも前期難波宮はきわめて画期的な位置にあったと言える。

空間として捉える

前期難波宮では、それまで大殿という一つの建物が公私両方の性格を兼ね備えていたのに対して、公私が分離して内裏前殿ができたと考えられる。こうした理解は大殿や内裏前殿といった建物を単体として捉えたものである。しかし、それぞれの建物には前庭という広場がともなっており、そうしたスペースも含めて一定の空間を構成しているとも言える。つまり、当時の宮殿は建物単体で機能していたというよりも、その建物を含むある一定の空間でもって機能を果たしていたと思われる。

それでは空間という視点から宮室について見ていくと、どのような見方ができるであろうか。

太極宮と藤原宮

空間として捉えるとどのように見えるのか、まず唐長安城の太極宮についで見てみたい（図21）。

太極宮は三つの朝庭からなる。いわゆる三朝制という構成をとっている。三朝制とは、すでに述べたように周時代の宮室構造で、太極宮の場合、両儀殿が内朝、太極殿が中朝、承天門が外朝に相当していた。両儀殿は日常的な皇帝の執務の場で、太極殿は毎月一日と十五日に出御して臣下の拝礼を受ける場である。承天門は皇帝が出御して元日朝賀や大赦などを行う場であった。そして、承天門前には東西に朝堂が建てられていた。ただ、実際には元日朝賀や即位儀礼などは太極殿で行われていた。また、私は、本来は太極殿で日常政務が行わ

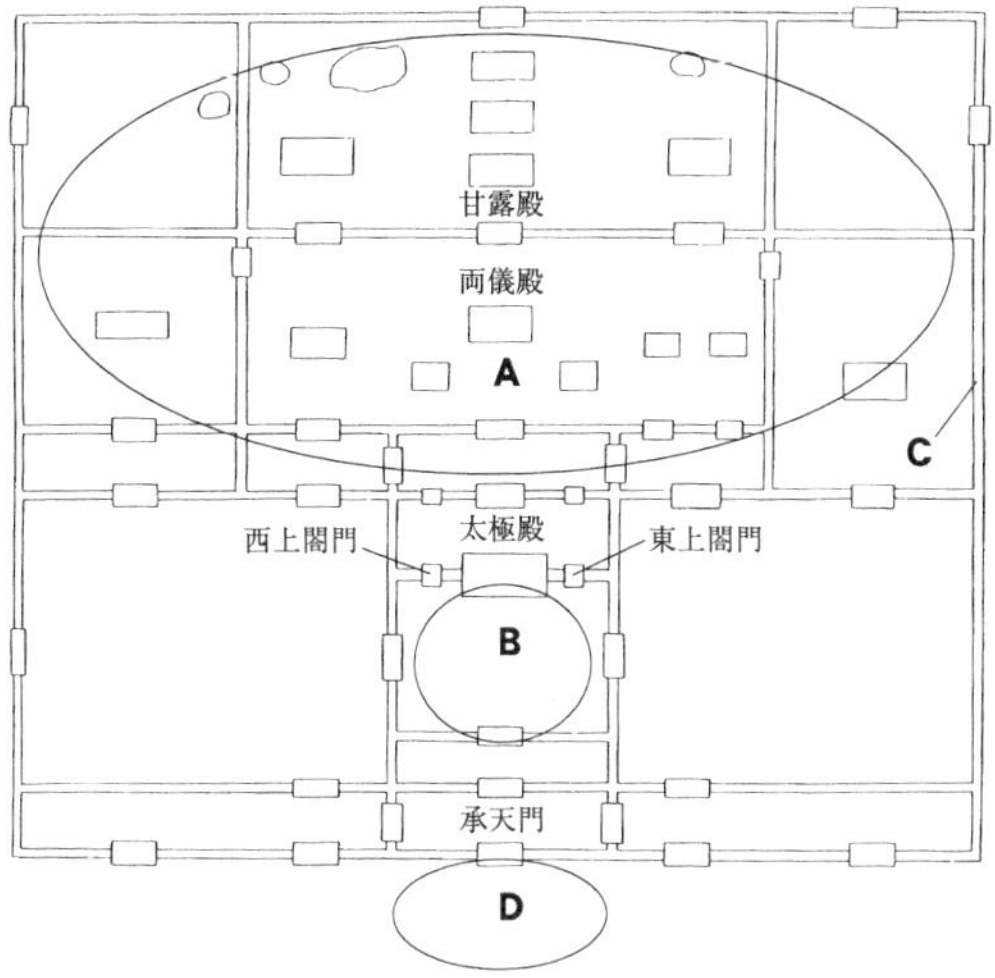

図21　太極宮の空間構造（平岡武夫編『唐代の長安と洛陽』〈同朋舎出版，1977〉所収．一部改変）

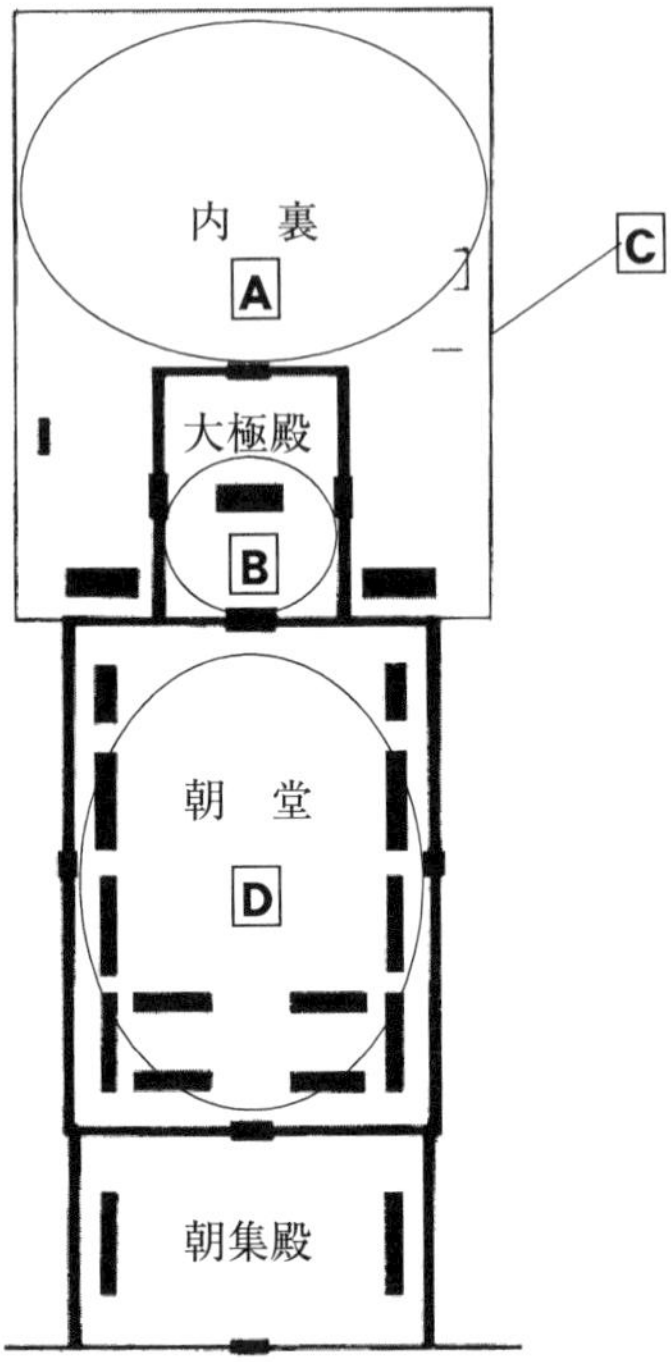

図22　藤原宮の空間構造（林部均『飛鳥の宮と藤原京』〈吉川弘文館，2008〉所収図をもとに作成）

れる原則であったと推測しているが、いずれにしても周の時代の三朝制を復古的に実現したと言えよう。このように三つの空間に区分できるが、整理すると次のようになる。

まず皇帝の生活のための内朝の空間があり、これをAとする。その南に中朝の太極殿一郭がありBとする。そして両者を大きく囲んだ宮域をCとする。さらに宮城南門の承天門の外の外朝をDとする。このDの空間には朝堂が建っていた。

このように唐長安城太極宮は、大きく四つの空間に区分することができよう。Cの宮城の内部は生活空間Aと太極殿一郭Bからなっており、承天門前は朝堂を擁する広場のDということになる。

それでは藤原宮を次に見ていきたい（図22）。藤原宮の場合、天皇が生活していた内裏の詳細はまだよくわかっていない。しかし、平城宮の東区内裏などの様子から考えても大極殿の北に生活空間があったと想定できる。これをAとする。ついで大極殿院一郭をBとし、それらを包み込んで内裏外郭があり、これをCとする。そして、大極殿門前の朝庭と朝堂からなる空間（朝堂院）をDとする。

このように太極宮と藤原宮とを対比してみると基本的な空間構成はほぼ同じであったことがわかる。ただし、詳細に見ていくと若干の相違点も存在する。

大極殿門と承天門

唐では大赦など、罪を許す赦宥《しゃゆう》儀礼は承天門の前に囚人を集めて行われていた。それに対して藤原宮では、大宝元年（七〇一）に、それまでは罪人を朝庭に集めて罪を許していたが、以後は禁止するという決定がなされた（『続日本紀』大宝元年一一月乙酉条）。このことから、それ以前は朝庭、つまり大極殿門前の空間Dで赦宥儀礼が行われていたと考えられる（佐竹昭「藤原宮の朝庭と赦宥儀礼」〈同『古代王権と恩赦』雄山閣、一九九八年〉）。すなわち、太極宮でも承天門前の空間Dで赦宥儀礼が行われており、両者には共通性があったのであり、大極殿門は唐の承天門に相当する門であったと考えられる。こうした点からも太極宮と藤原宮の空間構成の近似性が読み取れよう。

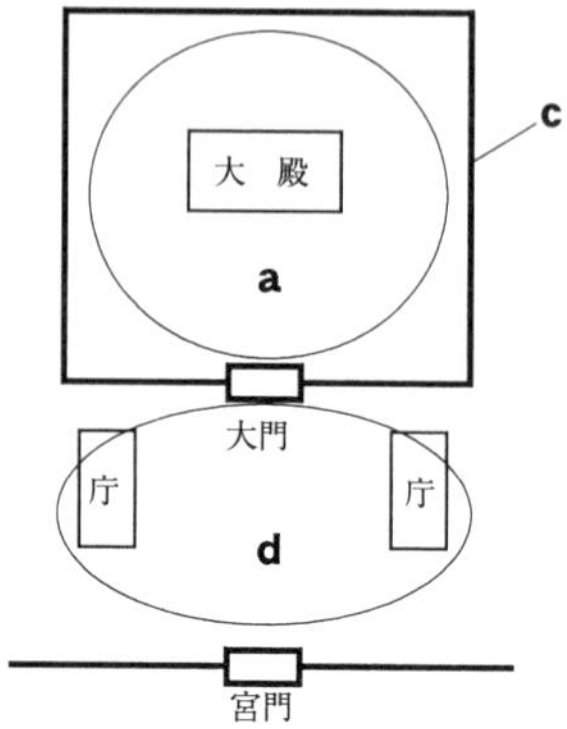

図23　小墾田宮の空間構造

空間構成から見た場合、唐長安城の太極宮と藤原宮とがとてもよく似ていたことがわかったが、それ以前についてはどうであろうか。ここでは小墾田宮と前期難波宮を取り上げてみたい。

小墾田宮と前期難波宮

小墾田宮については、すでに紹介したように岸俊男氏によって基本的な復元がなされている。簡単に確認すると、宮門を入ると朝庭があり、そこには庁が建っていた。その北に大門があって、その内側に大殿が存在していた。そして、大殿は天皇の生活の場でもあり、公的な場でもあったとされる。

このような理解に従って、同じように空間的な視点から見ていくと、大殿を含む空間が天皇の生活空間でありaとする。このaを囲んでいる一郭が内裏に相当してcとする。そして、大門前の朝庭の空間が後の朝堂院に発展していくことになるが、これをdとする（図23）。

以上のように空間を分割すると、太極宮や藤原宮と比べて太極殿一郭や大極殿一郭にあたる空間B・[B]が存在していなかったことがわかる。

次に前期難波宮について見るとどうであろうか。内裏後殿の北についてはまだ詳細には解明されていないが、おそらく天皇の生活空間である内裏であったと想定される。ここをaとする。その南に突き出している内裏前殿を含む空間は、後の大極殿一郭に相当する空間であるからbとする。そして、空間aとbを包み込む可能性がある内裏外郭をcとする。さらに内裏南門の南に広がる「朝堂院」をdとする（図24）。

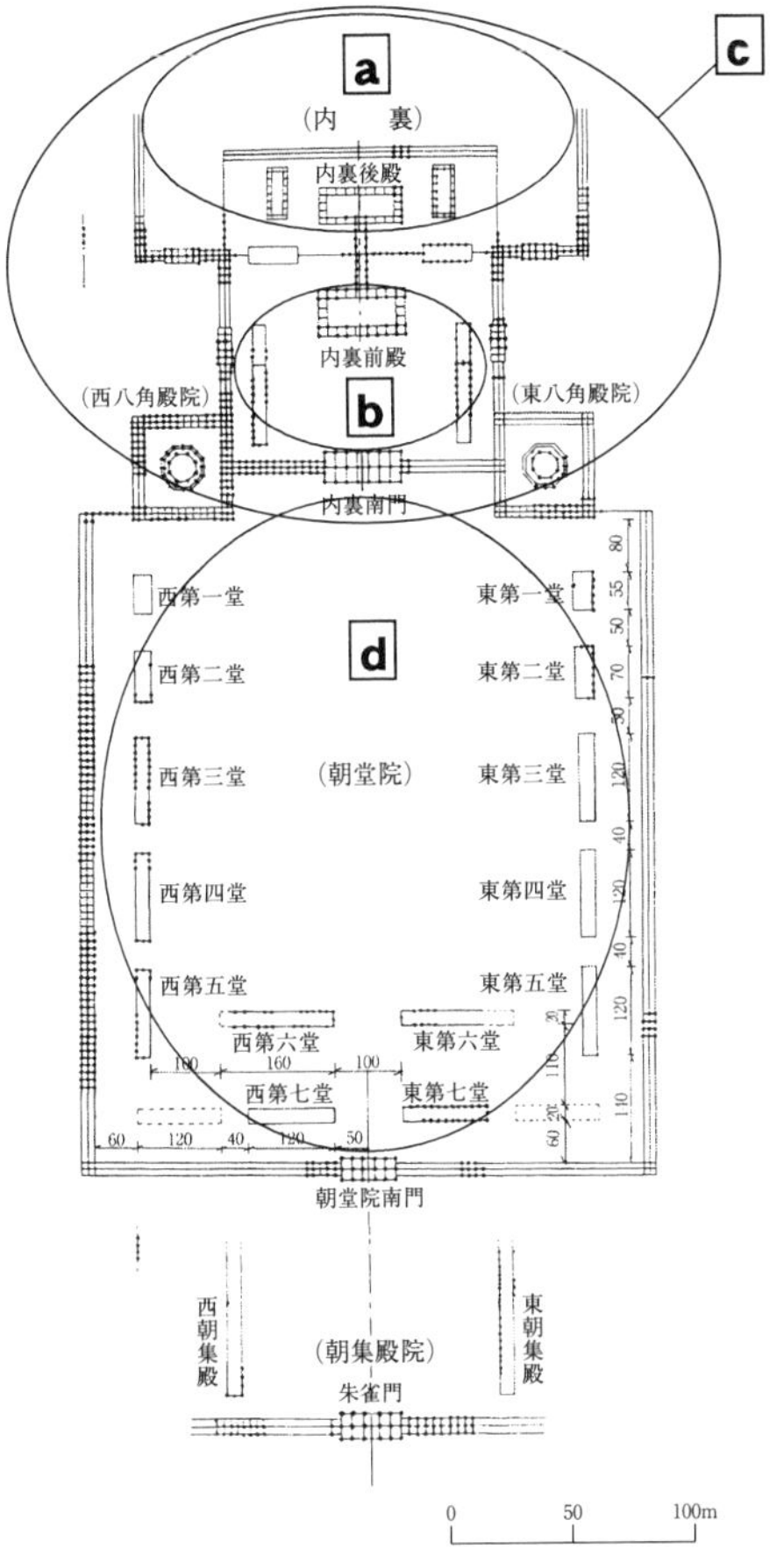

図24　前期難波宮の空間構造（植木久『難波宮跡』〈同成社，2009〉所収．一部改変）

前期難波宮についても、このように空間を分解すると小墾田宮と比べて空間[b]、つまり内裏前殿の区画が全く新たに付け加えられていることが明らかである。前期難波宮の画期的な側面の一つは、まさにここにあった。すなわち、[b]の空間をはじめて作り出したという点である。これはおそらく唐長安城の太極宮のBの空間、太極殿一郭を模倣しようとしたものであったと考えられる。これまでも前期難波宮と唐長安城太極宮との関係は指摘されてきたが（岸俊男「難波宮の系譜」〈同『日本古代宮都の研究』岩波書店、一九八八年〉。中尾芳治「前期難波宮と唐長安城の宮・皇城」〈同『難波宮の研究』吉川弘文館、一九九五年〉）、以上のように空間を分解して考えると、さらに両者の関係が明確になろう。

内裏前殿と太極殿

前期難波宮では、[b]の内裏前殿の区画が新たに付け加えられた。これは唐長安城太極宮の太極殿の儀礼空間を導入しようとする意図に基づくものであり、天皇の出御空間を創出したということでもある。それでは太極殿の区画をそのまま模倣したのかというとそうではなかった。

唐の太極殿は、太極宮の中でも閤門の外に位置していた。閤門というのは、日本風に言うと内裏の門のことで、皇帝の生活空間である区画に開く門である。つまり、閤門の内側（閤内）は皇帝の私的な生活の空間であり、閤門の外側（閤外）が皇帝の表の公的な空間ということになる。太極殿は閤門の外側の閤外に位置していたのである。すなわち、太極殿は皇帝の執務・儀礼の場として閤内とは明確に分離されていたことがわかる。

それに対して前期難波宮は、内裏前殿と名づけられているように、あくまで内裏の一部と理解される。それは内裏と同じ複廊《ふくろう》によって囲まれていることから内裏の延長部分であることが知られよう。さらに内裏南門が閤門に相当すると考えられる。とすると、唐の太極殿一郭を導入して作り出された天皇の出御空間ではあったが、内裏前殿の区画は閤外ではなく閤内に位置づけられるということになる。

藤原宮以降、大極殿院と内裏とは明確に分離されるものの大極殿門が閤門とも呼ばれていたことから、奈良時代になっても大極殿は閤内に位置づけられていたことがわかる。前期難波宮は、この点でも後の宮室構造に大きな影響を与えていたことになる。

このように内裏前殿の区画は、唐の太極殿一郭を模倣して儀礼空間を導入したものであったが、その内実はあくまでも内裏の延長として成立したのであり、このあり方は以後の大極殿一郭にも受け継がれていくこととなる。そこに日本の宮都の特性を見出すことができよう。なぜ中国皇帝は閤外に出て天下に対峙していたのに、日本では内裏から大極殿が分離した段階でも、そこは閤内とされたのか。結局、日本の天皇は大極殿に出御しても閤内にいたことになり、内裏外にいながら閤内であった。例えて言えば、「内」というカーテンに包まれていたことになる。

長岡京と平安京

桓武天皇の登場

宝亀元年（七七〇）八月、女帝称徳天皇が亡くなった。五三歳であった。その後、藤原百川《ももかわ》らによって擁立されたのが光仁天皇であった。光仁天皇は当時すでに六〇歳を過ぎており、自らも即位することになるとは思ってもみなかった事態であったという。光仁天皇は天智天皇の孫にあたる。壬申の乱で勝利した天武天皇以降、天武の血筋を引く天皇が続いてきた。しかし、奈良時代の政争の中で天武系の後継候補者がほとんどいなくなっていたのである。そこで担ぎ出されたのが白壁王、すなわち光仁天皇であった。だが、光仁天皇の妃は聖武天皇の娘井上《いのえ》内親王であり彼女が皇后に立てられ、二人の間の子他戸《おさべ》親王が皇太子となったことで、天武系の維持が担保された。

ところが、宝亀三年、井上内親王が天皇を呪詛したとされ皇后の位から降ろされ、他戸親王も廃太子となった。かわって皇太子となったのが山部親王、後の桓武天皇である。そして、井上内親王と他戸親王は宝亀六年四月二七日に死去した。当然二人の同日の死は自然なものとは思えない。

天応元年（七八一）、光仁天皇の譲位を受けて山部親王が即位した。皇太子には同母弟の早良《さわら》親王が立てられた。

このように天武以降続いてきた天武系の血筋から天智天皇に連なる天智系へと大きく転換したのである。桓武天皇は天武系から新しい皇統に移ったことを強く意識していたとされる。皇統の交替を意識していた桓武天皇は、都も天武系が続いた平城京から新しい都へと遷すことを考えたと思われる。それが長岡京《ながおかきょう》であった。

長岡京遷都

桓武天皇は、延暦三年（七八四）五月、中納言藤原朝臣小黒麻呂《おぐろまろ》、藤原朝臣種継《たねつぐ》たちを山背国《やましろ》に派遣して乙訓《おとくに》郡長岡村の地を視察させた。これは都を遷すためであると見える（『続日本紀』延暦三年五月丙戌条）。ついで六月には藤原種継らが造長岡宮使に任命され、長岡京の造営体制ができ上がり（『続日本紀』延暦三年六月己酉条）、一一月には早くも桓武天皇は長岡宮に遷居している（同一一月戊申条）。このように長岡京は視察から約半年ほどで天皇が遷居するというスピードで行われたのである。そして、一二月には長岡宮造営に功績のあった者に対して叙位や免税措置などが行われ、種継も従三位から正三位に昇叙された（同一二月己巳条）。

このように一二月にひとまず新都造営の報償が行われていることから、この段階で造営も一段落していたと思われるが、長岡京の造営は当然この後も継続して進められていた。

遷都の理由

長岡京に遷都した理由については、これまで数々の指摘がなされてきた。たとえば、天武系から天智系に皇統が交替したことから新しい都を造営したとする理解がある。平城京はもともと大和政権以来の豪族たちの根拠地に取り囲まれていた。そうした旧勢力を根拠地から切り離し天皇権力の向上を狙ったという解釈、あるいは平城京の仏教勢力を排除しようとしたとする理解がある。その他、淀川水系による水陸交通の便利さや秦氏などの渡来系氏族の力を利用しようとしたという指摘もある。さらには副都難波京を廃止して平城京の首都機能と統合したのが長岡京であったという見方もある。

以上のように、長岡京遷都の理由については、さまざまな見方が提起されており、いずれも説得力を持っているため、どれか一つが正しいと決めることが難しい状況にある。やはり複合的に理解しておく方がよいようである。もちろん、その中でも理由の大小はあると思われるから今後も検討していく必要があろう。

二段階の造営

長岡京への遷都は、その予定地の視察から桓武天皇の遷居までほぼ半年のうちに行われており、それ以前の藤原京や平城京の造営期間と比べてきわめて短期間で遂行されたことがわかる。巨大な大極殿をはじめとする建造物群を、このように短い時間のうちに作ることができた背景には後期難波宮の存在があった。長岡京はたった一〇年で平安京に遷都していることから未完成の都であったと考えられていた。しかし、半世紀に及ぶ発掘調査によってすでに平安京に匹敵する規模であったことが明らかになっている。

そうした発掘調査の成果の一つとして出土した瓦や文献史料の分析によって、長岡京は前期と後期の二段階で造営されたことが明らかにされている（清水みき「長岡京造営論―二つの画期をめぐって―」〈『ヒストリア』一一〇号、一九八六年〉。山中章「都城の展開」〈同『日本古代都城の研究』柏書房、一九九七年〉）。

長岡宮《ながおかきゅう》の朝堂院出土の瓦を分析すると、そのほとんどが後期難波宮で使われていたものであった。しかも長岡宮朝堂院は朝堂が八棟からなる形で、後期難波宮と同じであった。こうしたことから長岡宮の中心部は後期難波宮の資材を運んで利用したと考えられる。

この事実を念頭におくと長岡村視察の直前、二万匹もの蝦蟇《がま》が難波市から行進して四天王寺に入ったという記事は注目される（『続日本紀』延暦三年五月癸未条）。この蝦蟇の移動が難波宮の廃止移築を予兆するものであったと推測される。

長岡京の前期造営はまず後期難波宮の解体と移建によって進められたのである。このため短期間のうちに中心部分ができ上がったと理解される。そして、延暦五年頃に造営は一段落したと見られる。

ついで延暦七年頃から後期の造営が始まったとされる。まず延暦八年、内裏が西宮から東宮に遷される（『続日本紀』延暦八年二月庚子条）。後期造営では西宮など大極殿・朝堂院以外の部分の整備が進められ、そこで使用された瓦は平城宮のものが多数を占める傾向が見られ、さらに新しく長岡宮のために焼かれた瓦が使用されていた。それに符合するように延暦一〇年、平城宮諸門を長岡宮に移築している（同一〇年九月甲戌条）。

つまり、後期の造営では平城京を解体してその資材を利用していたことがうかがえる。長岡京はまず副都の後期難波宮を解体し、ついで首都平城京を解体して造営された都であった。後期難波宮の外港としての性格を首都に統合したとも見られている。

長岡京の条坊

長岡京遷都から一〇年後、延暦一三年に桓武天皇は平安京に都を遷した。一〇年間の都であった長岡京も発掘調査などによって具体的な姿をあらわしつつある（図25）。基本的には平城京と同じように朱雀大路を挟んで東西に四坊ずつ、南北に九条からなり、北辺坊が付加されている。宮城の長岡宮は北詰に配置されている。

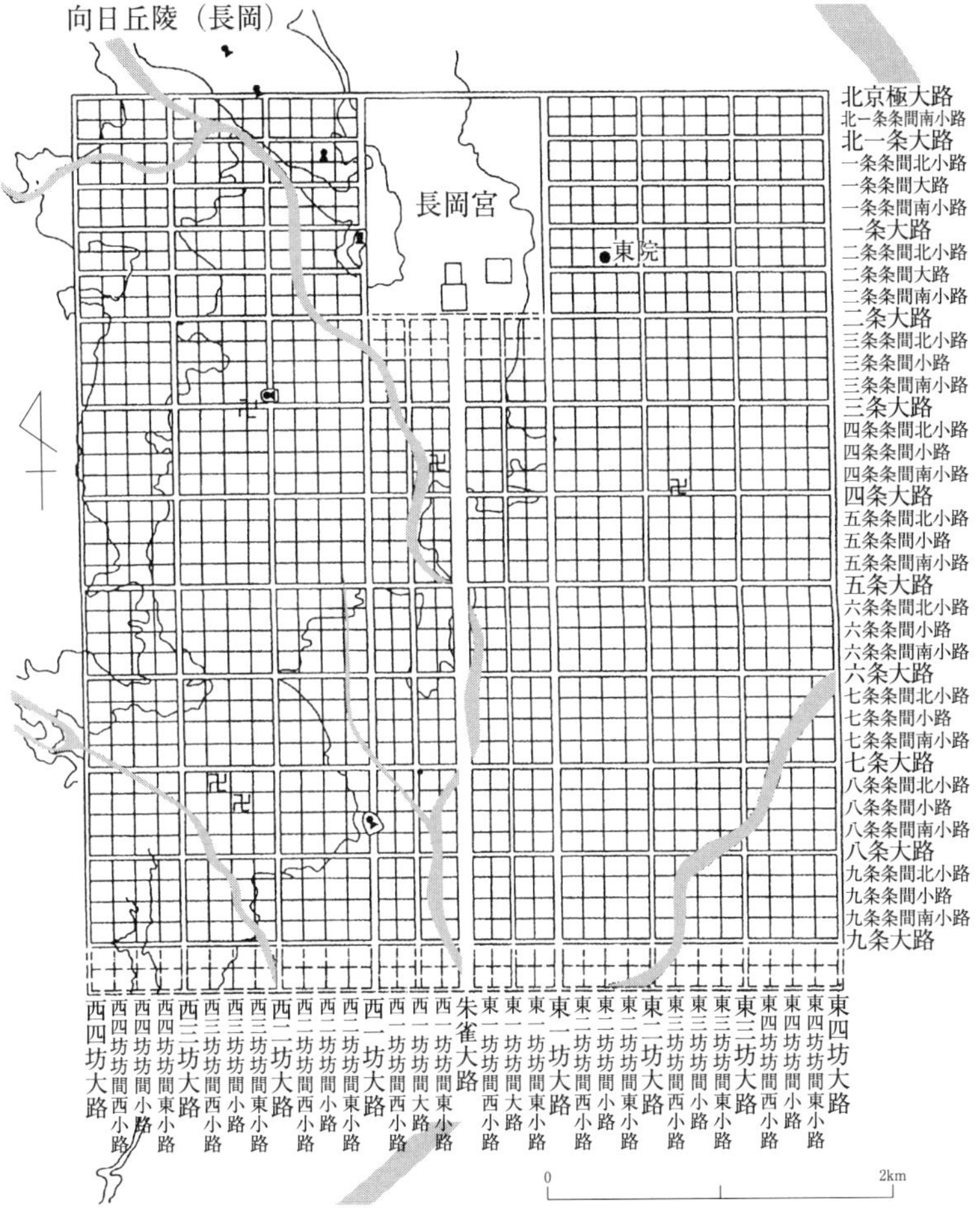

図25　長　岡　京

（奈良文化財研究所『日中古代都城図録』〈クバプロ，2002〉所収）

しかし、条坊制の区画の割り付け方に変化が見られる〈山中章「条坊制の変遷」〈同『日本古代都城の研究』柏書房、一九九七年〉〉。

碁盤目状の町割りを作る場合、はじめに碁盤目状のマス目を引いてから、その線を中心に一定の幅の道路を割り出すと、当然その道路の分だけ区画が削られることになる。平城京の町割りはこの方法で行われていた。その場合、問題となるのは条坊道路には大小があった点である。つまり、幅の広い道路に面した区画は、その分必然的に狭くなることになり、全ての区画の面積が等しいというわけではなくなるのである。だが、京の住人に対しては身分に応じて区画の中を分割して宅地が班給されていた。これでは同じく分割しても均等にならないことになる。

これに対して平安京の場合は、全ての区画の面積が同じになるように作られていた。坊の中は一六分割されていて、その区画を町と呼ぶ。その町を四〇〇尺四方の正方形とし、それに道路幅を積み上げて京域全体が組み立てられていた。平城京のように碁盤目状の計画線を先に引いてから割り出していく分割型に対し、平安京は一定の面積の町を積み上げていく集積型の都であった。

間に入る長岡京では、長岡宮の南と東・西の街区の宅地は不均等となっているが、それ以外の左・右京街区では一町が四〇〇尺四方となって均等な区画から構成されていた。宅地を合理的に管理するという点では平安京に大きく近づいたと言える。

内裏の移転

前にも見たように長岡宮の内裏は、延暦八年に西宮から東宮に移転している。東宮については発掘調査によって正殿をはじめとする施設が見つかっているが、西宮についてはまだ確認されていない。ただし、平城宮などと同様に大極殿・朝堂院の北にあったと考えられている。西宮から東宮に内裏が移ったということは、内裏が大極殿・朝堂院から完全に分離したということになる。この変化は天皇が本来は大極殿で政治を見ていたが、内裏正殿にその場所が変わったことと関係しているとされる（古瀬奈津子「宮の構造と政務運営法―内裏・朝堂院分離に関する一考察―」〈同『日本古代王権と儀式』吉川弘文館、一九九八年〉）。

平城宮以前には大極殿は内裏とともに内裏外郭に包摂されていたが、長岡宮の段階で大極殿と内裏が完全に分離したのである。ただし、西宮の位置については、大極殿の北ではなく朝堂院の西方にあったと推測する見解も提示されている（國下多美樹「長岡京―伝統と変革の都城―」〈吉村武彦他編『都城』青木書店、二〇〇七年〉）。大極殿の北方には開析谷が存在しており、天皇の居所として不向きで、朝堂院西方の官衙《かんが》とされている地区がふさわしいとされる。

もし西宮が大極殿の北方ではなく朝堂院の西方にあったとすると、長岡宮の内裏は遷都当初から大極殿・朝堂院とは分離していたということになる。つまり、桓武天皇は長岡京造営の段階で内裏を大極殿・朝堂院から完全に切り離す計画であったということになり、天皇の政務の場もその段階には内裏に移っていたことを意味する。実態としては平城京段階では内裏で政務を見ていたと思われるが、桓武天皇は長岡京遷都を機に伝統的な配置ではなく内裏を完全に独立させたのである。それが長岡京遷都当初からなのか、後期造営にともなって造営された東宮からなのかは重要な問題である。しかし、この課題に迫るためには大極殿北方の遺構の様子が明らかにされなければならない。一方で朝堂院西方の地区の年代や様相も西宮と見ることができるのかどうかを検討していく必要があろう。

朝堂院の構造

長岡宮の朝堂院は平城宮と異なり朝堂が八棟であった。藤原宮・平城宮といった首都の朝堂が一二棟であったのに対して少ないことになる。先述のように長岡宮の中枢施設は後期難波宮から資材を移してきているが、後期難波宮も八棟であった。このような継承関係から八棟となったのか、あるいは別の事情が存在したのか、これまでも議論が重ねられてきている。正宮が一二堂からなる朝堂院で、副都が八堂の朝堂院と考えることもできるが、その場合、長岡京の評価が問題となる。一二堂の朝堂院と八堂のそれの関係をどのように理解すればよいのかは今後も考えていかなければならない。

闕の採用

二〇〇五年の発掘調査で長岡宮朝堂院の南門両脇に翼廊がのびて南に折れ、その先端に楼閣建築が付属していたことが確認された（図26）。このように門の両側に楼閣をともなう構造は、次の平安宮朝堂院にも受け継がれることから注目される。

楼閣をともなう門を「闕」というが、中国の宮門の形式の一つである。この形式の門は

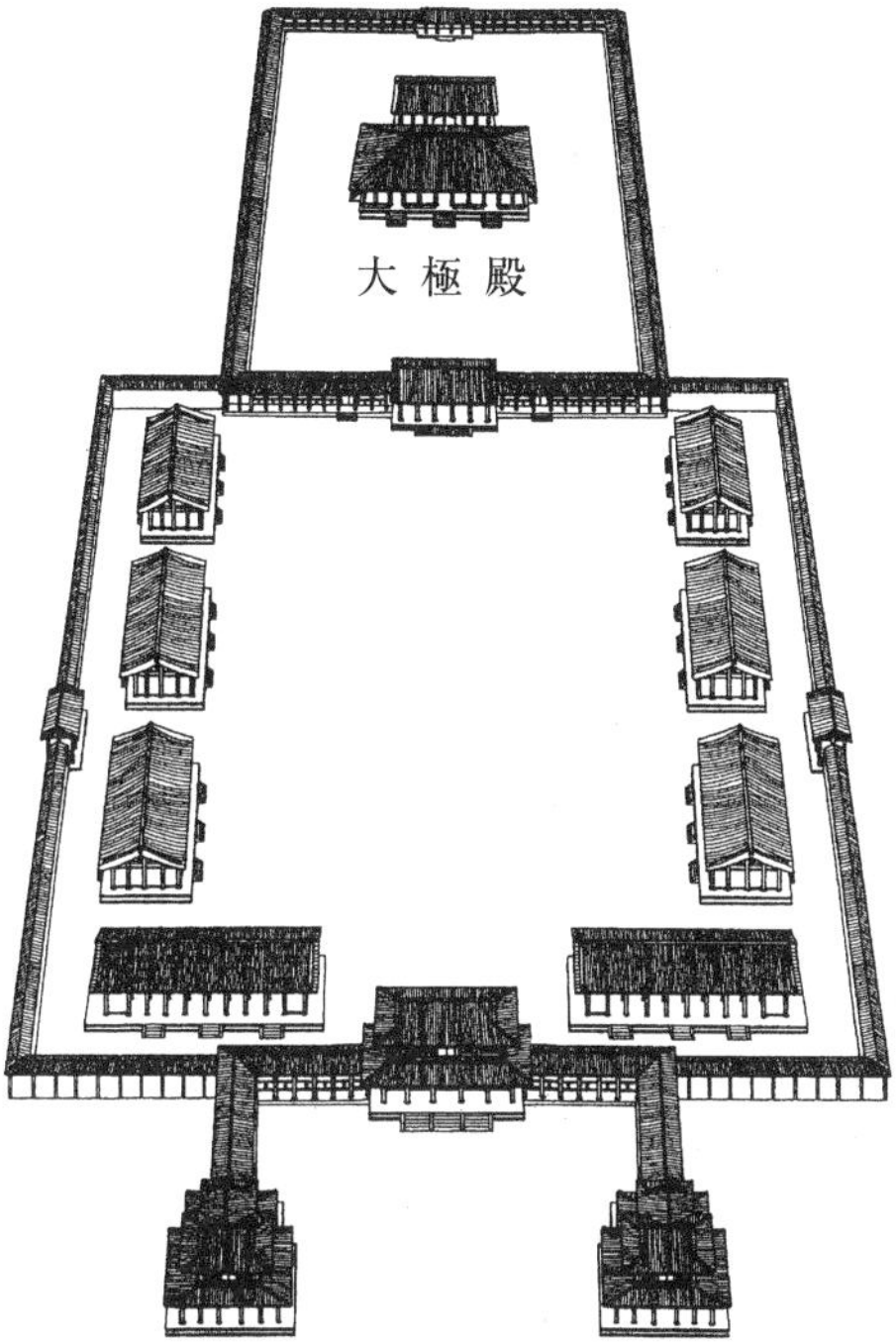

図26　長岡宮朝堂院（向日市埋蔵文化財センター『向日市埋蔵文化財調査報告書』第72集〈向日市教育委員会，2006〉所収．一部改変）

現在も、例えば北京の紫禁城《しきんじょう》の午門《ごもん》に見ることができる。紫禁城の午門も同様であるが、闕形式の門は宮城の正門に用いられることが多く、唐においても洛陽城の宮城正門である応天門《おうてんもん》が、この形式であったことが発掘調査でわかっている。このように闕形式の門は中国では宮城正面を装飾する装置であった。

長岡宮では、この闕形式の門が採用されたのである。これは桓武天皇が中国風の宮殿形式を取り入れようとしたことを意味している（山田邦和「桓武朝における楼閣附設建築」、同『京都都市史の研究』吉川弘文館、二〇〇九年）。

唐長安城の承天門が闕形式であったかどうかは発掘調査では確認できないが、桓武天皇がこの形式を導入したということは、自らの皇権の荘厳化を狙っていたと推測される。中国の都と同じデザインを取り入れることで、自らを中国の皇帝に擬《なぞら》えようとしたのかもしれない。

一方で、長岡宮の中枢部は後期難波宮の資材を利用して建造されていたことから、逆に後期難波宮朝堂院の南門が闕形式であった可能性も否定できない。そうすると翼廊が左右前方に突き出す闕形式の門はすでに後期難波宮の段階、つまり奈良時代前半には日本に導入されていたということになろう。このことについては後期難波宮の発掘調査を含めた今後の検討を待つ必要がある。

藤原種継暗殺

造長岡宮使に任命され長岡京造営を推進していた藤原種継《たねつぐ》は藤原氏のうちの式家出身で、藤原不比等の曾孫にあたる。式家からは光仁天皇の擁立に活躍した百川《ももかわ》や良継《よしつぐ》がおり、百川の娘旅子《たびこ》は桓武天皇の夫人となり、良継の娘乙牟漏《おとむろ》は皇后になっている。式家は光仁・桓武王朝樹立の上で重要な位置を占めており、藤原種継もその式家出身者の一人であった。

しかし、延暦四年九月、一大事件が勃発する。種継が暗殺されたのである（『続日本紀』延暦四年九月乙卯条）。桓武天皇が平城京に行幸している間の出来事で、種継が夜間、造営の様子を視察していた時に矢に射られ、自邸にもどって亡くなったという（同四年九月丙辰条）。

暗殺の首謀者として大伴継人らが斬刑に処せられ、その背後にいたとされる大伴家持も死後に連座して処分を受け、さらに彼らと密接な関係を持っていた皇太子早良《さわら》親王にも累が及んだ。乙訓寺に幽閉された早良親王は自分から絶食し、淡路に移送される途中で亡くなった。しかし、その遺体は淡路に運ばれて埋葬された。早良親王にかわって桓武天皇の子安殿《あて》親王が皇太子となった。

こうして長岡京遷都を主導していた種継が暗殺された事件は落着したかに見えた。しかし、この後、思わぬ形で桓武天皇の心を責め立てることとなる。

種継が暗殺された後も朝堂院や東宮の造営など、長岡京建設自体は着々と進められていた。だが、その間、延暦七年に夫人旅子が没し、翌八年に桓武天皇の母高野新笠《たかののにいがさ》、同九年に皇后乙牟漏が相次いで亡くなった。このように桓武天皇の身近な女性たちが次々と没していった。

長岡京造営を断念

さらに皇太子安殿親王も病床に伏し、占いによって早良親王の祟りによるとされた(『日本紀略』延暦一一年〈七九二〉六月癸巳条)。ここに旅子たちの相次ぐ死去も関わって桓武天皇の心に重くのしかかってきたと推測される。

加えて同一一年六月・八月には長岡京で洪水が発生し被害をもたらした。このように怨霊だけではなく洪水という災害までも桓武天皇を襲うこととなる。

平安京へ

こうした状況下で、桓武天皇に新京の造営を進言したのが和気清麻呂《わけのきよまろ》であった。まず延暦一二年正月、大納言藤原小黒麻呂らを山背《やましろ》国葛野《かどの》郡宇太村に派遣して視察させている(『日本紀略』延暦一二年正月甲午条)。さらに桓武天皇は長岡宮を解体するため東院に居を移した(同年正月庚子条)。三月には桓武天皇自らが新京を視察してまわった(同三月己卯朔条)。ついで新京の宮城予定地内の百姓に代価を与えて立ち退かせ(同三月乙酉条)、伊勢神宮に遷都を報告し(同月戊子条)、官人たちに人夫を出させて宮城を築造させた(同庚寅条)。加えて天智天皇と光仁天皇の山陵に遷都のことを報告した（同癸卯条）。

この後も桓武天皇はたびたび造営中の新京を巡覧し、ついに延暦一三年一〇月、新京に居を移した（同一〇月辛酉条）。この新京が平安京である。遷都の詔は残念ながら全文は残っていないが、山川が麗しく四方の国々の人民も上京するのに便利であると見える（同一〇月丁卯条）。

平安京遷都にともなって、山背国も山城国と改称され、かつて天智天皇が近江国に都を遷した場所も古津から大津に改められた（『日本紀略』同年一一月丁丑条）。また、人民が異口同音に「平安京」と号したという（同上）。翌延暦一四年正月、宮中の宴で群臣たちは「新京楽、平安楽土、万年春」と奏上した（『日本紀略』延暦一四年正月乙酉条）。まさに末永い平安の世を期待する空気に満ちた新京であった。

平安京の特徴

平安京は江戸幕府滅亡後に首都が東京に移されるまで、一時平氏による福原遷都があるものの日本の首都であり続けた。現在は古都として内外の観光客を集めている。碁盤目状の町割りに往時の姿を留めていることはよく知られているが、現在の繁華街は平安京の東側に偏っている。JR山陰本線が京都駅から出て北に向かって直進するラインが平安京の朱雀大路に沿うように走っており、本来はこのラインを中心に左右対称に展開していたのである。

平安京の規模は、東西が約四・五キロ、南北が約五・二キロの南北にやや長い長方形で、東西八坊、南北九条からなっていた。大路に囲まれた坊の内部は一六の町に分割されていた。中軸道路の朱雀大路の幅は約八四メートルの規模を持ち北端に平安宮が位置していた。

平安京はこのように全体としては平城京以来の形態を継承しているが、町割りの方法については全く異なった考え方によっていた。つまり、坊内の町の大きさを全て均一にしたのである。町を四〇丈（約一一八メートル）四方に統一し、この町を積み上げて京全体が構成されていた。先述のように平城京は道路幅の広狭によって一坊の面積が異なり、長岡京も東西街区は均一化したものの一部分はまだ不均等であった。これに対して平安京は町の大きさを統一し、それに道路幅を加算していく設計手法だったのである。町を分割して宅地を割り出していたのであるが、町の面積を均等にすることで、分割した宅地も実質的に均等となり、一気に合理化されたことになる。

内裏と大極殿・朝堂院

平安宮でも新しい展開が見られる。内裏は長岡宮の東宮と同様、大極殿・朝堂院から分離して、その東北に位置していた。すでに内裏が天皇の政務運営の場となっていた。

大極殿・朝堂院では、両者を隔てていた大極殿閤門がなくなり、龍尾壇という壇上に大極殿が聳え立つ形態に変わった。また、朝堂も一二堂にもどされ南門の応天門には翼廊と楼閣が附設されて闕形式とされた。さらに大極殿の東西にも楼閣が建設された（図27）。大極殿が龍尾壇上に建ち、その下の朝庭に直接開放された形態は、平城宮中央区の大極殿院で採用されたものであった。その後の長岡宮では再び大極殿南門によって区切られたが、平安宮では一二堂型式の朝堂院と合体した形となったのである。

国家的宴会場

朝堂院の西には豊楽院《ぶらくいん》が建設された。ここは国家的な宴会の場であった。天皇が出御する豊楽殿《ぶらくでん》と左右対称に四棟の朝堂が立ち並び、群臣や外国使節たちは朝堂に座を与えられた。四棟からなる朝堂は、平城宮中央区にすでに見られ、それを継承したのが豊楽院とされる（今泉隆雄「平城宮大極殿朝堂再論」〈同『古代宮都の研

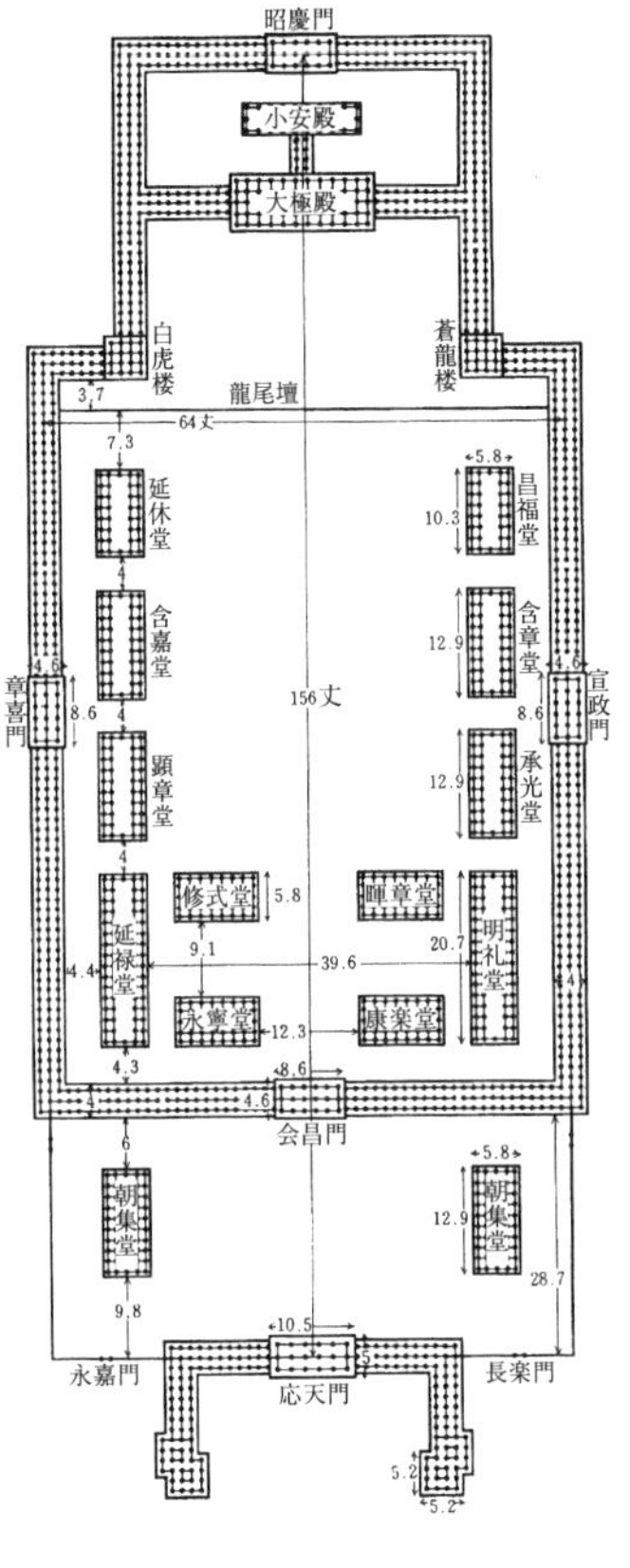

図27　平安宮朝堂院（角田文衞総監修『平安京提要』〈角川書店，1994〉所収）

究』吉川弘文館、一九九三年〉)。

中国の宮城では、前殿から太極殿に至るまで基本的には群臣や外国使節に対しても開かれた空間であり、皇帝は門などを介さないで直接彼らと対面していた。これが中国皇帝の一貫したスタイルであった。

平安宮大極殿への道のり

それに対して日本では、推古天皇の小墾田宮では大殿の空間には限られた人間しか入ることはできず、外国使節も大門前で外交儀礼を行っていた。大王(天皇)が直接対面することはなかったのである。それが大化改新後、難波宮での白雉献上の儀礼では紫門内に群臣のみならず外国人までが参入する形態に変化した。おそらく唐の儀礼のあり方を取り入れようとした結果であったと思われる。天武朝も大極殿一郭に臣下を召して行事が行われていた。

しかし、大極殿は天皇の専有空間に変化する。前期難波宮の内裏前殿が内裏に含まれており、後の大極殿も大極殿閤門内に位置づけられているように、そこはあくまで内裏の延長であったことと、天皇の権威の絶対化が図られたことが大極殿院を隔絶する方向へと導いたと推測される。

しかし、群臣たちと直接対面しない儀礼空間は中国のそれとかけ離れたものであった。平城宮中央区では、大極殿院の中に広大な朝庭を組み入れ、大極殿を龍尾壇上に置くことで中国のスタイルに近づけようとした。だが、その空間はあくまでも大極殿閤門の内側であった。確証はないが参入できた者にも制限があった可能性がある。このスタイルは次の長岡宮には継承されなかったが、その後、平安宮では再び大極殿を龍尾壇上に置き閤門を間に挟まず直接対面する形式が復活した。しかも、平城宮中央区と異なり朝堂院と直接合体して開放されており、参入者の幅は一気に拡大したであろう。

さらに東西に楼閣を持つ平安宮大極殿は、同じく壇上に立ち楼閣を持つ唐長安城の大明宮含元殿を意識していたと想像される。

平安宮大極殿は東西に楼閣を持つ外観や閤門を隔てないで直接群臣と対面するスタイルを採用した点で、きわめて中国化した宮殿形式であったと言える。中国皇帝が天神を祀る祭祀を行うなど、中国をモデルとして自らの王権の確立を図った桓武天皇の意図が、ここにもあらわれていよう。

朝鮮三国の都

高句麗の都——南進する都

朝鮮三国と都

古代の朝鮮半島では大きく三つの国家が形成され抗争を繰り返していた。高句麗、百済、新羅の三国である。それぞれの国は当然中国との関係のもとに歴史を紡いでいった。これら三国はそれぞれに都を作っていったが、その都についても中国の影響を考えていく必要がある。朝鮮三国の都については田中俊明氏の詳細な研究があるので〈田中俊明「朝鮮古代都城と中国都城」〈妹尾達彦編『都市と環境の歴史学』第二巻、特集国際シンポジウム東アジアの都市史と環境史、二〇〇九年〉〉、以下田中氏の研究成果によりながら朝鮮三国の都の特徴を整理していくこととする。

高句麗初めの都

まず朝鮮三国のうち、高句麗の都について見てみよう。高句麗は朝鮮半島北部から中国東北地方にかけて展開した古代国家で、紀元前には国家として形をなしていたと推測され、六六八年に唐・新羅連合軍によって攻め滅ぼされた。高句麗は日本（倭国）とも関係が深く、広開土王《こうかいどおう》（好太王《こうたいおう》）碑文には倭国との対立関係が見え、逆に聖徳太子の師となった慧慈《えじ》は高句麗から渡来した僧であった。古代日本にも大きな影響を与えた国の一つであった。

　高句麗がはじめて都としたのは卒本《そつぽん》であった。卒本は現在の中国遼寧《りょうねい》省桓仁《かんじん》県にあったと考えられている。時期は紀元前一世紀初め頃から紀元三世紀初め頃とされる。広開土王碑文には、始祖鄒牟王《すうむおう》が沸流谷《ふつりゅうこく》の忽本《こつぽん》の西の山上に城を築いて都にした、と見えている。ここに見える忽本が卒本のことと考えられ、その西の山上に築かれたという城が、桓仁の五女山城《ごじょさんじょう》と推定されている。そして、その東に卒本が所在したことになるが、それは蝲哈城《らつこうじょう》が相当すると推測されている。蝲哈城は約二〇〇《メートル》四方の方形の城郭で、もとは前漢が置いた玄菟《げんと》郡の県城の一つであったと考えられる。それを高句麗が利用したのである。

　このように高句麗初期の都は、五女山城という山城と蝲哈城という平地の方形城郭とが対になった構成であったとされる。つまり、普段は平地にある方形城郭の蝲哈城にいて、緊急時には山城の五女山城に立て籠もったものと考えられる。

山城と平地城

高句麗初めの都は、山城の五女山城と平地の蜊哈城という組み合わせから構成されていたと見られるが、この山城と平地城をセットとする構成は、この後も継承されていくこととなり、高句麗の伝統的な都のスタイルと考えられる。

『周書《しゅうじょ》』高麗伝には、高句麗の都平壌《へいじょう》城について、城内にはただ倉庫だけを置いて攻撃に備えていて、外敵が迫ってくると城に入って固守するが、王はそばに別に宅を作って常には城にはいなかったと記述されている。平壌城は後に高句麗が都としたところであるが、ここに見えるように平壌城は逃げ込んで立て籠もる山城と、普段いる平地の居城とから構成されていたことがわかる。

平壌城については後に触れるが、田中俊明氏はこのような山城と平地の居城がセットになる構成は高句麗初めに遡るスタイルであったとされる。

また、田中氏は蜊哈城について一辺が約二〇〇㍍《メートル》の方形の城郭で、高句麗自身はこのような城郭を作ることはなかったことから、前漢が朝鮮半島を支配していた時代に置いた玄菟郡の県城の一つを利用したのではないかと指摘されている。高句麗の場合は、中国の都城を模倣するというよりは、中国が作った県城という城郭都市を再利用していたということになり、中国の都城制が影響を及ぼしたという論理とは異なっていたとも指摘される。

以上のように田中氏によれば、高句麗は当初から逃げ込み城としての山城とそのそばに平地の居城とをセットで構えていたと理解される。逃げ込み城を用意していたのは軍事的な緊張が恒常的に存在していたからであろう。

五女山城

五女山城については発掘調査によって新石器時代から金代まで、大きく五時期が把握されている（遼寧省文物考古研究所『五女山城―一九九六年～一九九九、二〇〇三年桓仁五女山城調査発掘報告―』文物出版社、二〇〇四年）。このうち第三期は、前漢や王莽時代の銭貨が出土しており、高句麗初期に相当するとされる。

第三期では大型の礎石建物跡（一号大型建物址）が見つかり、また半地下式の房址も検出している。第四期はもっとも遺構がたくさん確認されている時期で、四世紀末から五世紀初めの高句麗中期の遺構と位置づけられる。中期の都は後述するように国内城《こくないじょう》に遷っているが、この時期がもっとも充実していることから国内城遷都後も重要拠点として維持されていたと考えられる。

第四期の遺構としては、大型建物の二号大型建築址と三号大型建築址が見つかっている。二号大型建築址は城内で見つかった建物の中で最大規模で、三面を石牆《せきしょう》、つまり石積みの壁で取り囲むという特異な構造を持っている。先に紹介した『周書』高麗伝に見えるように山城には物を蓄えていたとされることから二号建築址も貯蔵のための建物かどうか検討が必要であると前掲報告書では指摘されている。

一方、三号大型建築址は礎石建物である。また、他に半地下式の房址も多数見つかるなど、兵営や哨所と見られる遺構も存在している。

山頂の平坦面には以上のような遺構群が確認されているが、山腹部には石積みの城壁が南面から東面にかけてめぐらされている。そして、城壁には南門と東門が開かれている。他に山頂平坦面の北にも西門があった。

出土遺物は、土器・銭貨や鉄鏃などの金属製品など多数である。

このように高句麗初期の都と考えられる五女山城の調査の進展によって、その姿がだいぶ具体的になってきている。五女山城はまさに防禦を主要な機能とする山城であった。これに対して普段は山の麓の平地の居城を使っていたのである。これが高句麗の都の基本形ということになる。

国内城遷都

高句麗が卒本から都を遷したのが国内城であった。国内城は丸都《がんと》とも呼ばれることがあるが、平地にある居城が国内城で、その西北に位置する山城《さんじょう》子山《しさん》城《じょう》が丸都山城と考えられている。つまり、ここでも平地の居城と緊急時のための山城とがセットになっていたのである（図28）。

さて、卒本から国内城に遷った時期については、『三国史記』巻一三、高句麗本紀によると、瑠璃王《るりおう》二二年（紀元三）一〇月に高句麗の瑠璃王が国内に遷都して尉那巌城《いながんじょう》を築い

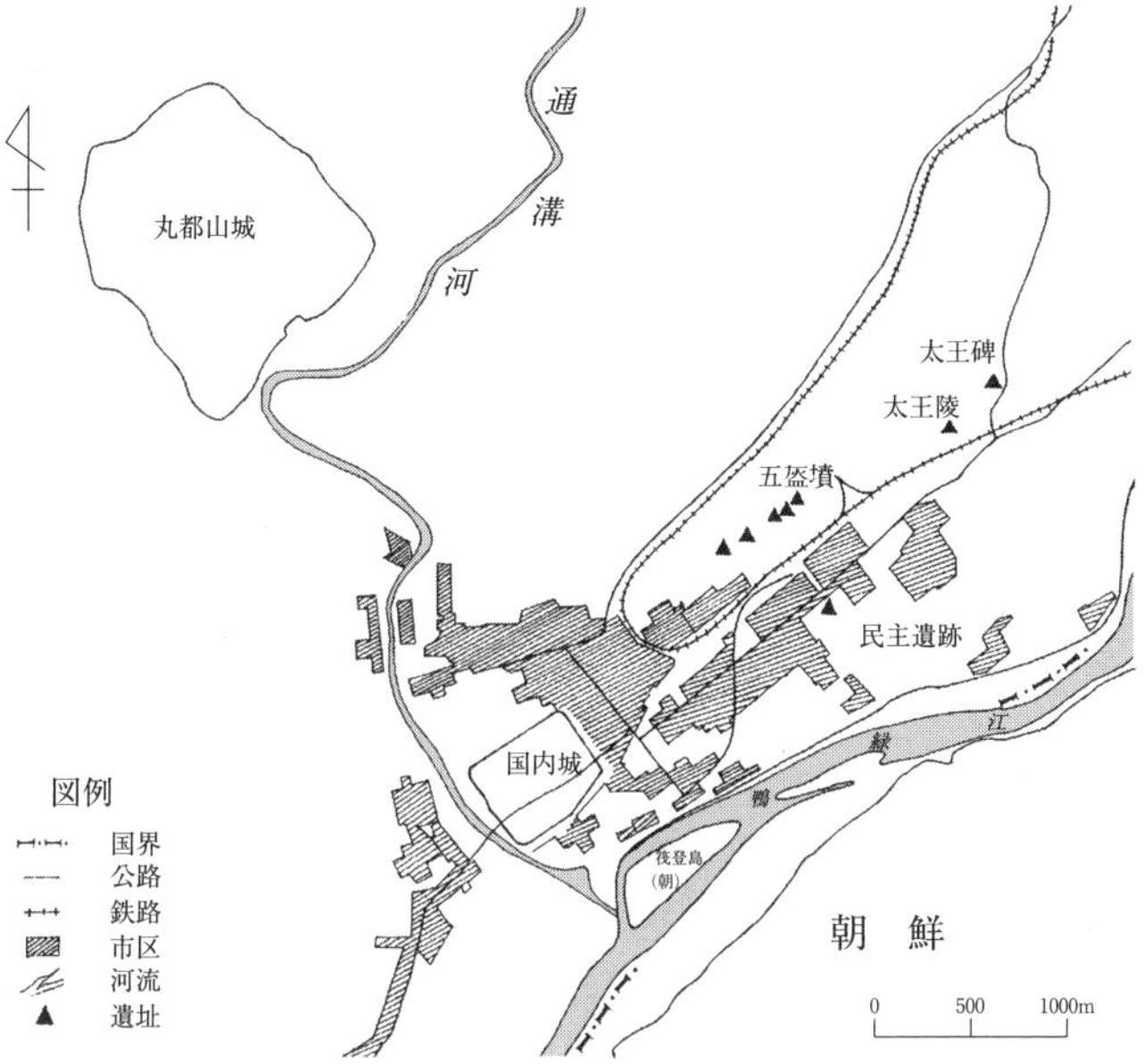

図28　国内城と丸都山城
（吉林省文物考古研究所・集安市博物館『国内城』〈文物出版社，2004〉所収）

たと見える。すなわち、卒本から国内城に遷都したのは紀元三年ということになる。しかし、一方で同書巻一六、高句麗本紀では山《さん》上《じょう》王《おう》二年（一九八）二月に丸都城を築くとあり、さらに山上王一三年一〇月に山上王が都を丸都に移したと見える。紀元三年に遷ったのか、三世紀に入ってからなのかが問題となる。

田中俊明氏は、次の史料に注目された。すなわち、『三国志』巻三〇、魏書高句麗伝では王位をめぐって兄弟の内紛が起こり、長男の抜《ばっ》奇《き》は不肖の子だったので、人々は弟の伊夷模《いいも》を立てて王とした。兄の抜奇はいったん遼東の公孫《こうそん》康《こう》に降伏した後、弗流水《ふつりゅうすい》の辺りにもどった。それに対して弟の伊夷模は新国を作ったが、今日の高句麗の所在地がそこであると記されている。

伊夷模の新国が国内城であるから、国内城に遷ったのは伊夷模の時代であり、公孫康の時代でもあった。公孫康は二〇四年に跡を継いでいるから、国内城遷都はそれ以後となる。田中氏は以上のことから国内城遷都は三世紀初めと推定されている。

国内城

卒本の次の都である国内城は通溝城《つうこうじょう》とも呼ばれ、中国吉林《きつりん》省集安《しゅうあん》市に所在する。鴨緑江と通溝江の合流地点の北岸に位置しており、南北約七〇二《メートル》、東西約七三〇《メートル》ほどの台形に城壁をめぐらした形をしている（図29）。城壁は後世に壊されながらも北壁と西壁はよく残っている。西南角には角楼跡が残っており、外側に突出させた石積み構造で、残存している高さで約一・三《メートル》をはかる。また、城壁には馬面《ばめん》という施設が設けられている。城壁の外に凸字形に張り出したもので防御の強化のための施設である。

城内の様子も発掘調査によって具体的な姿をあらわしつつある。二〇〇三年に行われた体育場地点の発掘調査では四棟の大型建物跡を検出している。そのうちの三棟は「回」字状に壁体の石組み基礎が建物を取りまいていた。その他にも周辺の調査地点で石組み溝や

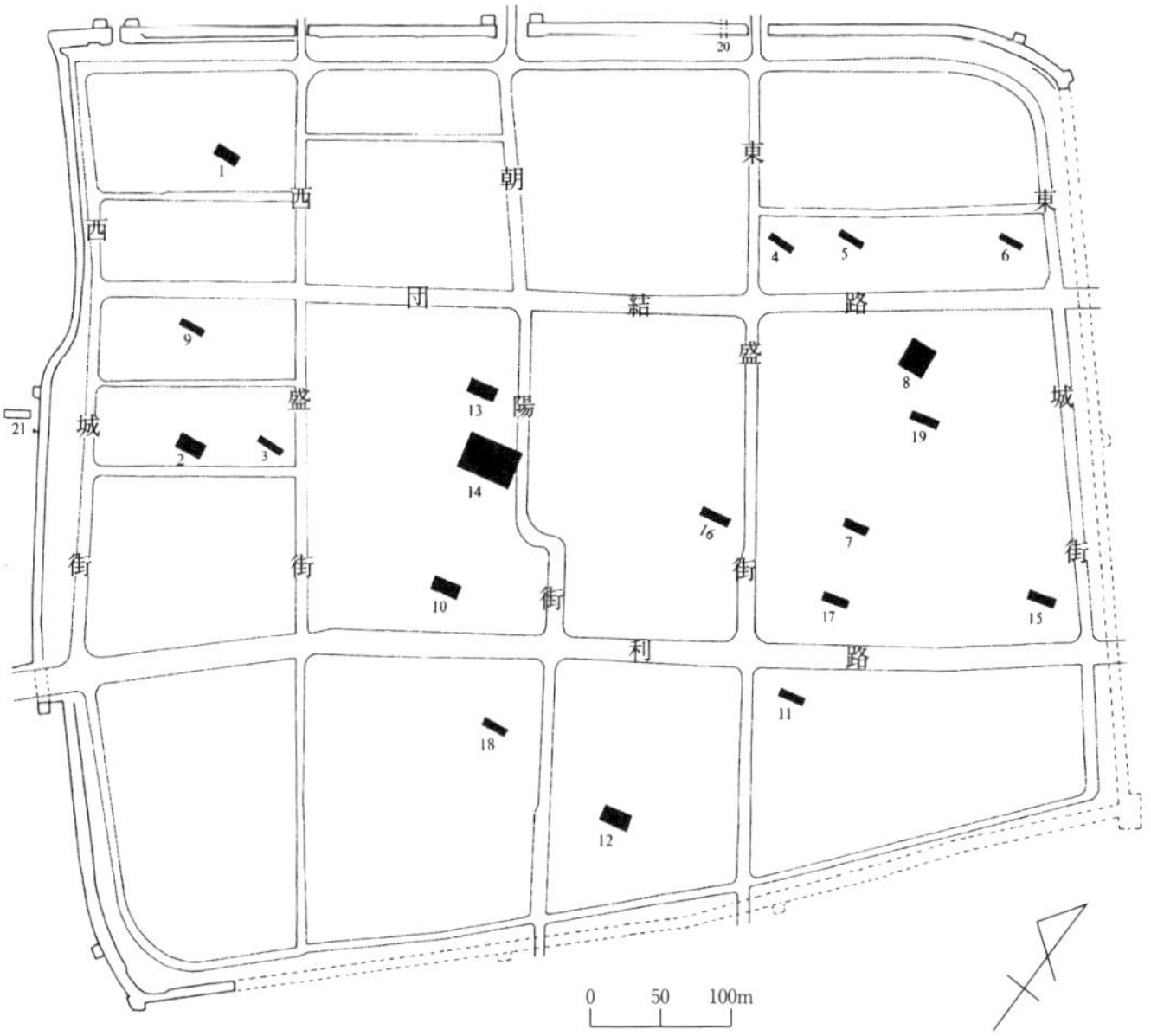

図29　国　内　城
（吉林省文物考古研究所・集安市博物館『国内城』〈文物出版社，2004〉所収）

牆体、道路などの遺構も見つかっている。以上のように国内城の内部の様子も少しずつわかってきている。

丸都山城

山城子山城は丸都山城とされる山城で、国内城の西北に位置する。山を約七〇〇〇《メートル》に及んでぐるりと城壁が囲む包谷式の山城で、『三国史記』に見える尉那巌城のことともと考えられている。丸都山城も発掘調査が行われていて、その様子が明らかになりつつある（吉林省文物考古研究所他『丸都山城—二〇〇一〜二〇〇〇

三年集安丸都山城調査試掘報告―』文物出版社、二〇〇四年）。

城壁には七つの城門が確認され、そのうち一号門址は南城壁の中央あたりで凹状に内側に入ったところに設けられていた。この一号門址が丸都山城で最も重要な門の一つと考えられる。また門の左右には排水のための施設も作られていた。

城内も発掘調査が行われ、宮殿や瞭望台、戍卒《じゅそつ》居住址、蓄水池などが見つかっている。宮殿跡とされている遺構は、方形の宮牆《きゅうしょう》で区画されており、おおよそ南北が九五・五メートル、東西が八六・五メートルの方形を呈している。西辺の宮牆中央には一号宮門址があり、その北に二号宮門址がある。このうち一号宮門址が正門と考えられている。そして西辺が入口となることから全体は西向きの宮殿構造とされている。

城内の様子

宮殿址の内部には一号台基から四号台基まで長方形の石積みの基壇があり、その基壇上に礎石建ちの長大な建物が建てられていた。また、二号台基の南にはやはり礎石建ちの八角形の建物が二棟並んで建てられていた（図30）。朝鮮三国の都の中でも宮殿がこのように発掘調査で見つかった例は少なく貴重な成果である。しかし、この建物群がどのような性格を持っていたのかは検討の余地があろう。中心となる正殿があり、その前に儀式のための広場があるという構成ではなく、長屋のような長大な建物が密に建ち並んでいる点に特徴がある。つまり、中国風の儀礼空間とはだいぶ異なっている

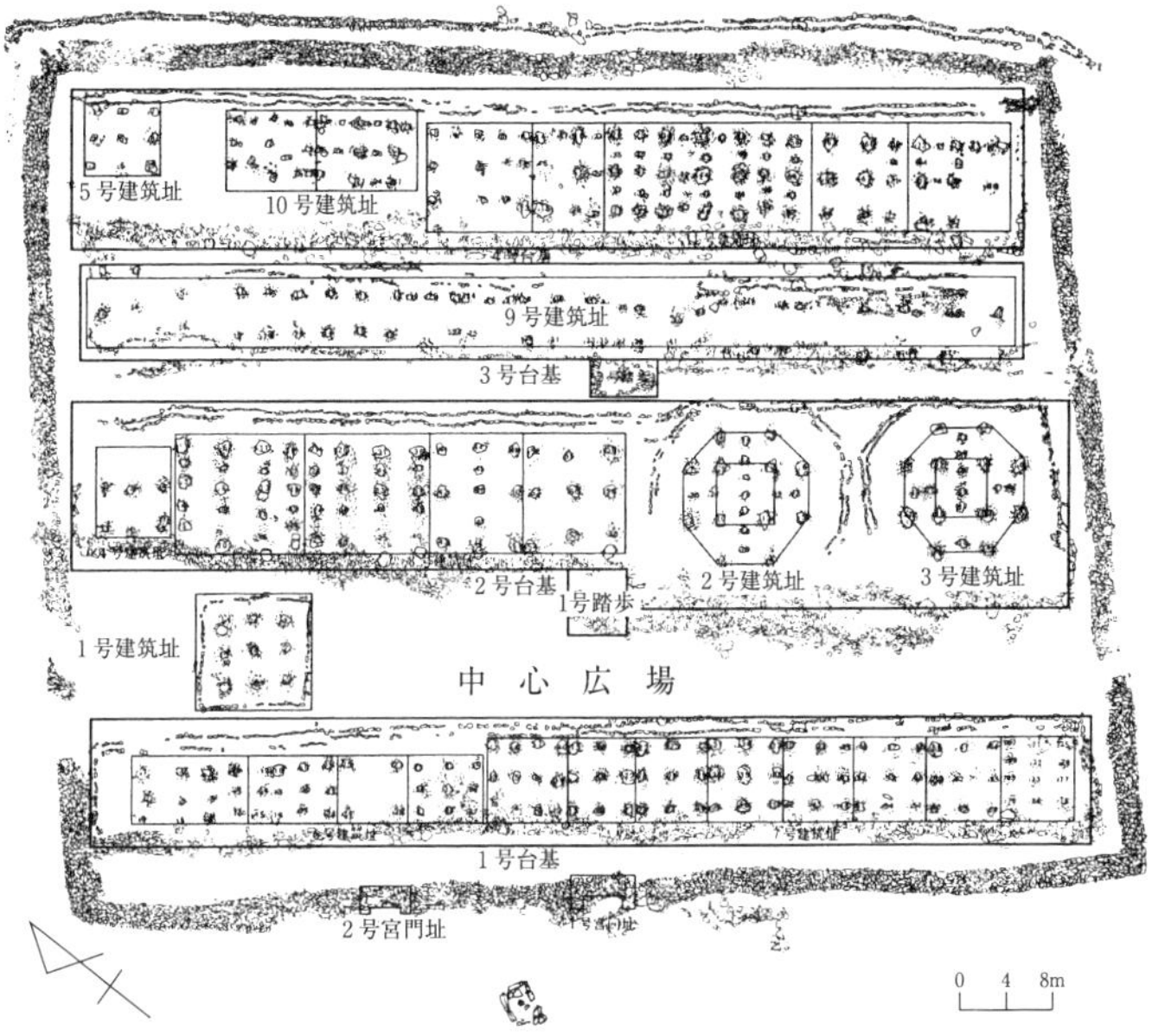

図30　丸都宮殿
（吉林省文物考古研究所・集安市博物館『丸都山城』〈文物出版社，2004〉所収）

と考えられる。また、正門が西辺宮牆に開いていることから全体は西を正面としていることになり、この点も基本的に南を正面とする中国の宮殿とは異なっている。とすると可能性としては、南を正面とする儀礼を行うことができる宮殿群が別に存在すると考えるのか、あるいはこの宮殿跡が中枢部分であり中国とは異なった高句麗独自の宮殿スタイルと考えるのか、いくつかの解釈があり得る。

　瞭望台は宮殿址の南西に位置し、六・七×四・五メートルの石積みの基壇があり、残存高は約四・五<ruby>メートル</ruby>ある。いわゆる見張り台と考えられる。瞭望台のすぐ北に礎石群が残っており兵士の居住建物跡と推定されている。

高句麗の中期の都、国内城も以上のように平地の国内城と山城の丸都山城とが組み合わされて機能していた。卒本と同じく平地居城と山城をセットとする伝統的なスタイルであった。こうしたスタイルは次の都である平壌でも継承され、変容していくことになる。

平壌へ

南方への進出を目指す高句麗であったが、三七一年、故国原王《ここくげんおう》が百済との戦いの中で戦死し、南進策がいったん挫折するばかりか高句麗存亡の危機を迎える。その後、律令を頒布するなど、高句麗は国内体制の立て直しを進めていった。そして、広開土王の時代に入る。広開土王は好太王とも呼ばれ、日本では高句麗好太王碑で有名である。広開土王の時代、その名の通り高句麗はその領土を拡大させ強大な国家として復活を果たしていった。

次の長寿王《ちようじゆおう》は広開土王の子で、広開土王（好太王）碑を立てて父の偉業を後世に残した。その長寿王時代、四二七年に国内城から平壌城に都が遷された（『三国史記』巻一八、高句麗本紀、長寿王一五年条）。南進路線の再開であった。

二つの平壌

平壌城には前期と後期の二時期があったことが田中俊明氏によって指摘されている。すなわち、長寿王が四二七年に遷都したのが前期平壌城で、現

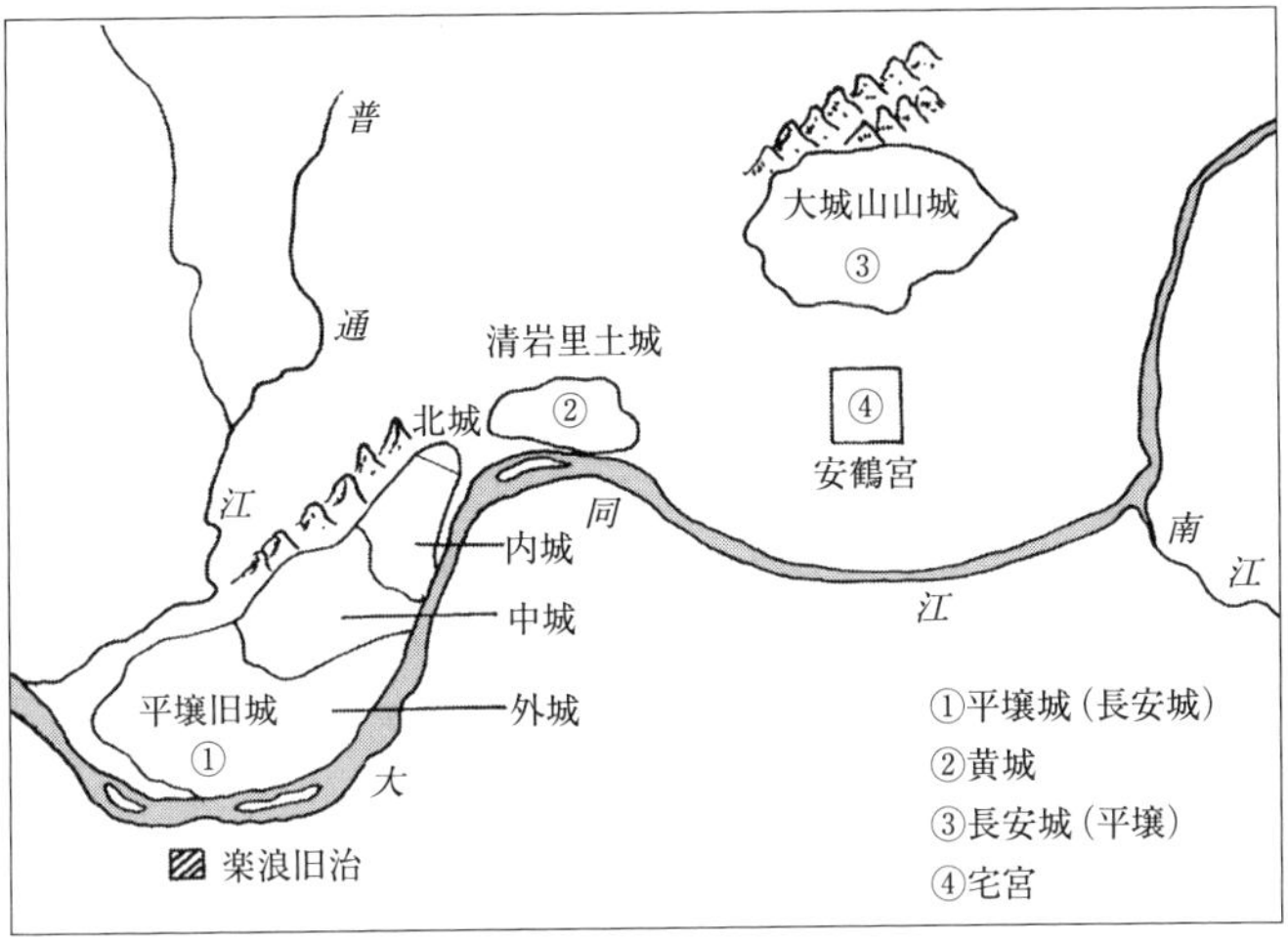

図31　平　壌　城

（王綿厚『高句麗古城研究』〈文物出版社，2002〉所収．一部改変）

在の朝鮮民主主義共和国の首都ピョンヤンの東北に位置していたとされる。最初の平壌城は現在のピョンヤン市街地とは異なっていたことになる。

ついで五八六年、現在のピョンヤン市街地に遷った。これが後期平壌城で、長安城と見える都である（『三国史記』巻一九、高句麗本紀、平原王二八年条）。つまり、平壌といっても前期平壌城と後期のそれ（長安城）とがあったとされる。

前期平壌城　長寿王が国内城から遷都した前期平壌城は田中氏によれば、現在のピョンヤン市街地の東北に位置する大城山城《だいじょうさんじょう》とその西南の清《せい》岩里土城《がんりどじょう》とされる（図31）。『三国史記』巻一八、長寿王一五年条に、都を平壌に移すと見えるのがこれに当たる。

大城山城は峰々が連なる山塊を城壁で囲む包谷式の山城で、周長は七〇七六㍍ほどもあり、城壁は石積みが多くを占め、各所に城門が設けられていた。城内は発掘調査の結果、建物跡、池跡などの遺構が見つかっている（田中俊明「後期の王都」〈森浩一監修、東潮・田中俊明編著『高句麗の歴史と遺跡』中央公論社、一九九五年〉。堀内明博「平壌の都城遺跡」〈中尾芳治他『古代日本と朝鮮の都城』ミネルヴァ書房、二〇〇七年〉）。

大城山城を山城とすると平地の居城が伴うのが高句麗の伝統的な都のスタイルである。しかし、その平地居城については二つの有力な説がある。一つは大城山城の南麓で発掘によって見つかった安鶴宮址《あんかくきゅう》という宮殿遺構である。もう一つは大城山城の西南、大同江の北岸の清岩里土城である。

安鶴宮址は、一辺が約六二〇㍍のほぼ方形の城壁に囲まれた中に、整然と宮殿群が配置された遺構群である（図32）。南門を入ると南宮があり、その一号建物を正殿とする一郭があり、その北に中宮・北宮と連なっていく。東西にも同様の宮殿建物が展開している。まさに宮殿中枢部の遺構と考えることができる。しかし、出土遺物の分析からは高句麗時代に遡らず、高麗《こうらい》時代、遡っても高句麗末までしかいかないと評価されている。このことから安鶴宮址は高句麗の前期平壌城の一部とは考えにくいことになる。

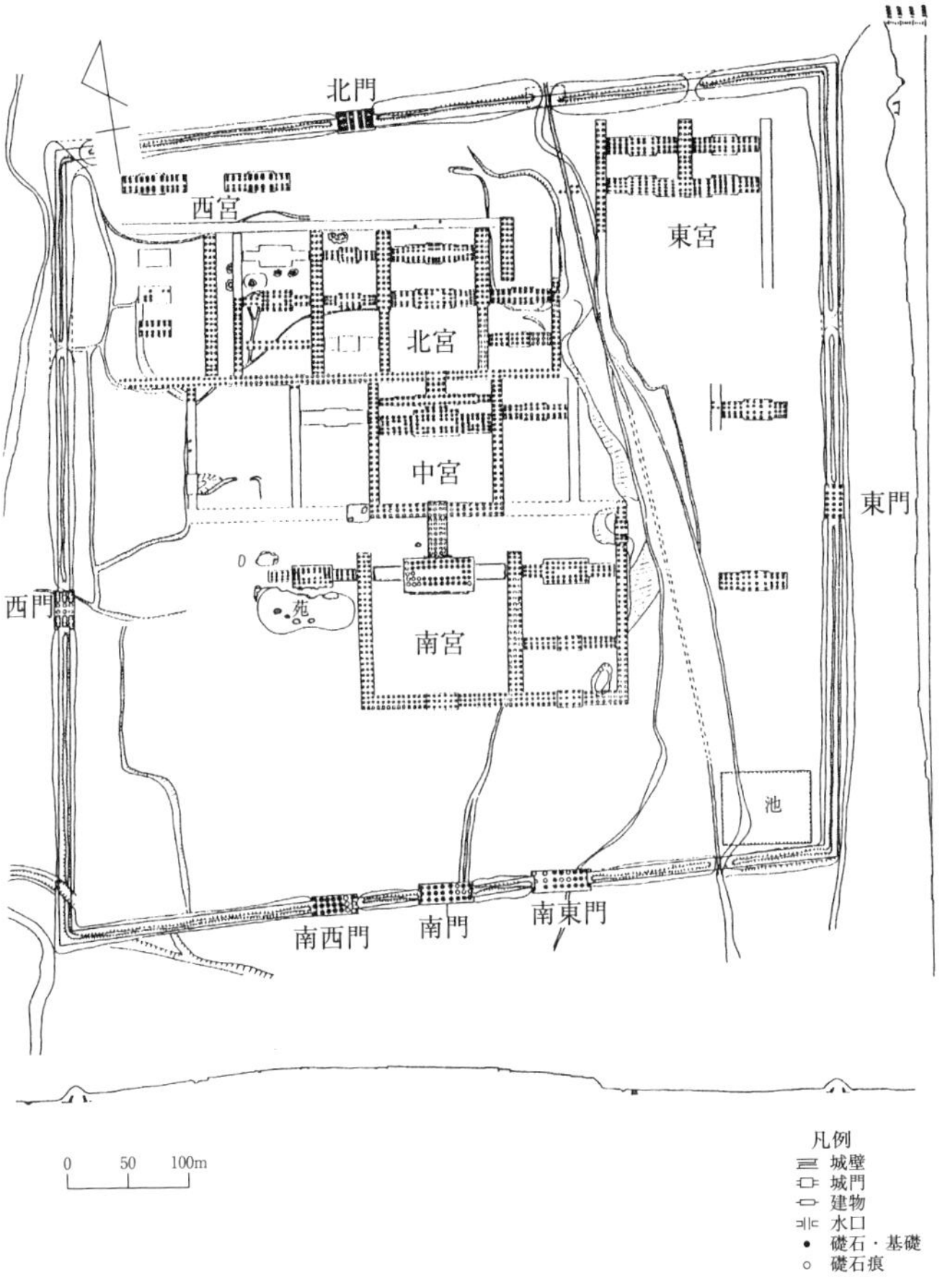

図32　安鶴宮（杉山信三・小笠原好彦編『高句麗の都城遺跡と古墳』〈同朋舎，1992〉所収．一部改変）

それに対して清岩里土城は、大同江の北岸に位置する台地上に所在する。内部には清岩里廃寺という寺院跡が発掘調査によって見つかっている。この清岩里土城を平地居城に当てる見解は戦前からあり、現在も有力視されている。だが、あまり調査が進んでおらず今後の調査の進展に期待される。

後期平壌城

平原王《へいげんおう》二八年（五八六）、都を長安城に遷した（『三国史記』巻一九、高句麗本紀、平原王二八年条）。この長安城は現在のピョンヤン市街に相当し、前期平壌城に対して後期平壌城と位置づけられる。ピョンヤン市街には二〇世紀半ばまで城壁が残っていたが戦前から戦後にかけてほとんどが破壊されてしまった。

全体は北から北城、内城、中城、外城の区画に分けられる。しかし、このうち中城と外城の境の城壁は高句麗時代まで遡らないと推測されることから、高句麗時代には北城・内城、中城と外城を合わせた区画から構成されていたと思われる。

王宮は内城にあったと考えられる。しかし、具体的にはよくわかっておらず門跡と建物跡が見つかっている程度である。北城は内城の北に突き出すように付属していて、離宮的なものと想定されている。内部には永明寺址があり、北城内には寺院があったことになる。

外城には碁盤目状の道路が設けられていた。つまり、条坊制が導入されたということである。これ以前の高句麗の都城では条坊制が敷かれた例はなかったが、後期平壌城の段階ではじめて条坊制が導入されたことになる。このことから田中氏は、後期平壌城の段階でそれまでの山城と平地居城からなる伝統的なスタイルから中国的な都城形式が導入されたと指摘された。そして、それは北魏洛陽城の影響を受けたものと評価された。

以上のように、高句麗の都は山城と平地居城の組み合わせが伝統的な形態であったが、最後の段階で中国の形態を取り入れたと考えられる。だが、全体の形は方形とはならず、中国の都城とは様相が異なっているところもある。田中氏の指摘の通り、地形的条件や伝統の制約を受けて中途半端なものとなったと言えよう。

百済の都

繰り返される遷都

百済の都も高句麗と同じく遷都を繰り返していった。田中俊明氏の整理に従うと、はじめに漢城《かんじょう》に都を置き、四七五年に熊津《ゆうしん》に遷り、五三八年にさらに泗沘《しひ》に遷都した。漢城は現在の韓国ソウル市周辺で、四七五年に高句麗の攻撃を受けて陥落し百済の蓋鹵王《がいろおう》まで殺されるという危機的状況となった。その後、遷ったのが南の熊津であり、その意味で熊津城は臨時的な都という性格が考えられる。そして、五三八年にさらに南の泗沘に遷都を行う。泗沘は熊津に対して計画的に準備された都と考えられ、王宮や全体を取り囲む羅城も築かれていたと想定されている。

高句麗の場合は、朝鮮半島の南方に進出するという政策路線に従って南の平壌に都が遷されたが、それに対して百済は高句麗に漢城を落とされたために南方へと都を移動せざるを得なかったのである。百済の都についても田中氏の研究成果を中心に整理していくこととする。

漢　城

百済の始祖温祚《おんそ》は河南慰礼城《いれいじょう》に都を置いた（『三国史記』巻二三、百済本紀）。これが最初の都で、漢城がこれに当たると考えられている。漢城時代も大きく二時期にわかれ、三七一年に慰礼城から漢山《かんざん》に遷ったとされる。しかし、漢城時代についてはさまざまな解釈もあり、今後の検討を待ちたい。

この漢城時代の遺構についてもいくつかの説が提起されているが、現在注目されているのは風納洞土城《ふうのうどうどじょう》と夢村土城《むそんどじょう》という二つの土城である。両者とも発掘調査によって都城に関わると思われる遺構が見つかっていて、漢城時代の都城遺跡として有力視されている。それぞれの遺構についてはすでに佐藤興治氏の詳細な紹介があるので、以下参照しながら見ていきたい（佐藤興治「王城」〈中尾芳治他編著『古代日本と朝鮮の都城』ミネルヴァ書房、二〇〇七年〉）。

風納洞土城と夢村土城

風納洞土城は、ソウル市街を流れる漢江《かんこう》の東岸に位置し、南北約一・三キロ、東西約六〇〇メートルの規模を持ち、周囲を城壁が囲む形態であるが、西辺の城壁は洪水で崩壊している。

城壁の調査ではその築造方法も明らかになり、少なくとも三世紀までには構築されていたことが推測できるという。また、城内でも発掘調査が行われており、それによって竪穴式の大型住居跡や小型住居跡、土器を焼いた窯跡などの遺構が見つかっている。その他、石溝をめぐらした方形の大型建物跡も見つかっている。この地区では一般の居住地から祭祀空間に変化したと考えられている。

夢村土城は風納洞土城の東南に位置しており、周りを土塁で囲んだ土城である。土塁は版築状で、開口部があり門跡と推定されている所もある。土塁の外には濠と木柵の遺構も見つかっている。東北には外城という張り出した部分がある。

城内からは建物跡、望楼台や竪穴住居などが各所で見つかっている。その他に池跡や貯蔵穴、お墓もあった。遺物も多様で、城壁に伴う遺物からは三世紀中葉から後半頃が築城年代と推定されている。そして、五世紀まで遺物が確認されるので漢城落城までは機能していたと考えられる。

以上のように土塁・木柵、望楼台などから百済の重要な城郭や緊急時の防塁の可能性が考えられる。

百済の漢城時代の重要な遺構として、風納洞土城と夢村土城の様相が発掘調査によって明らかになってきている。田中氏は漢城時代前半を風納洞土城に当て、三七一年に遷った後半を夢村土城に当たると指摘されている。ただし、二つの土城がどのように位置づけられるのかは今後の検討を待つ必要があろう。

存亡の危機

百済と高句麗の関係は緊張感のあるものであった。勢力を拡張させていく高句麗に対して、それを迎える百済との衝突は避けることができなかった。三七一年、高句麗軍が攻め込んできたが、近肖古王《きんしょうこおう》はその知らせを知って伏兵を置いて迎え撃ち高句麗軍を敗走させた。さらにその年の冬、近肖古王と太子（後の近仇首王《きんきゅうしゅおう》）は精兵三万人を率いて高句麗に侵攻し、ついに平壌城を攻略し、高句麗の故国原王は流れ矢に当たって戦死した。まさに百済の大勝利であった。仇敵高句麗の首都を落としその王を倒したのである（『三国史記』巻二四、百済本紀、近肖古王二六年条）。

しかし、高句麗はその後体制を立て直し、広開土王の時代を迎え勢力を盛り返していく。高句麗に対抗して百済は倭と通交を求めたり中国南朝に朝貢を行っていた。ついには高句麗との関係の強い北魏にも遣使して安全保障体制の構築に腐心した。しかし、ついに四七五年、高句麗軍三万人が百済の漢城を攻めてきた。百済の蓋鹵王は城門を閉めて戦うこともできないまま、城内に火が燃え移り、蓋鹵王も捕縛されて殺されてしまった（『三国史記』巻二五、百済本紀、蓋鹵王二一年九月条）。ここに百済はいったん、滅亡したことになる。だが百済は再生する。

蓋鹵王の死後、その子が即位する。それが文周王《ぶんしゅうおう》で、三七五年一〇月に都を熊津（韓国忠清南道公州市）に移して百済を復興した（『三国史記』巻二六、百済本紀、文周王元年〈蓋鹵王二一年〉一〇月条）。

漢城を攻め落とされた百済は南方の熊津に新しい都を作って再生を図った。

熊津時代

熊津は錦江《きんこう》が北岸を流れる公山城《こうざんじょう》のことで、この山城の内部に王宮も存在したと考えられる。

公山城は周囲を土築や石築の城壁で囲んだ包谷式の山城で、東西南北の四つの門が開いていた。公山城についても発掘調査が行われており、内部の様子も少しずつ明らかになりつつある。以下、佐藤興治氏の整理に従って概要を見ていきたい。

まず王宮については、南門を入った左手の平場が王宮跡と推定されている。ここには、半地下式建物や掘立柱建物、大型礎石建物などの遺構が検出された。

このうち王宮に関わると見られる二棟の礎石建物は、東西棟の大型礎石建物と、その東に南北棟の礎石建物が、L字形に配置されている。しかし、方位を異にしている点が注意される。

これら二棟の前面が広場となっていて、そこには蓮池が見つかった。蓮池は上面の直径が七・三メートルの円形の池で、自然石を積み上げて構築されている。

また、礎石建物の西には地下式の倉庫と考えられる木槨庫がある。長方形に掘り込んで内部を板材で囲み屋根が架けられていたとされる。

　東門を入って北には臨流閣址がある。一辺が約一〇メートル《メートル》の正方形の平面をした、総柱の礎石建物が見つかっている。「流」という銘のある瓦が出土していることから臨流閣と推定されている。臨流閣は、五〇〇年、東城王《とうじょうおう》が宮の東に建設した楼閣で、池を掘って珍しい鳥を飼った。しかし、臣下の諫言を受けたが、東城王は聞き入れることなく宮門を閉ざしたという（『三国史記』巻二六、百済本紀、東城王二二年春条）。

　また、熊津城を大きく取り囲んで羅城が存在したという指摘が軽部慈恩氏によってなされていたが、近年は全体を囲むようなものではなかったと考えられている。

泗沘へ

　百済の聖王《せいおう》は、五三八年に都を熊津から泗沘（忠清南道扶余《ふよ》）に遷し、国号も南扶余と変えた（『三国史記』巻二六、百済本紀、聖王一六年春条）。

　泗沘は、熊津からさらに錦江を下った場所に位置している。錦江は泗沘を取りまくように北から西南へと流れている。そして、山城の扶蘇山城《ふそさんじょう》が錦江の南岸にあり、熊津の公山城と似た位置関係となっている（図33）。

　ただし、この泗沘では新しい要素も見られる。それは王宮が扶蘇山城ではなく、その南麓にあったと推定されている点と、山城の南に市街地が広がり、全体を羅城で囲んでいたと思われる点である。つまり、漢城も熊津も土城や山城に王宮などの中枢施設があり、そ

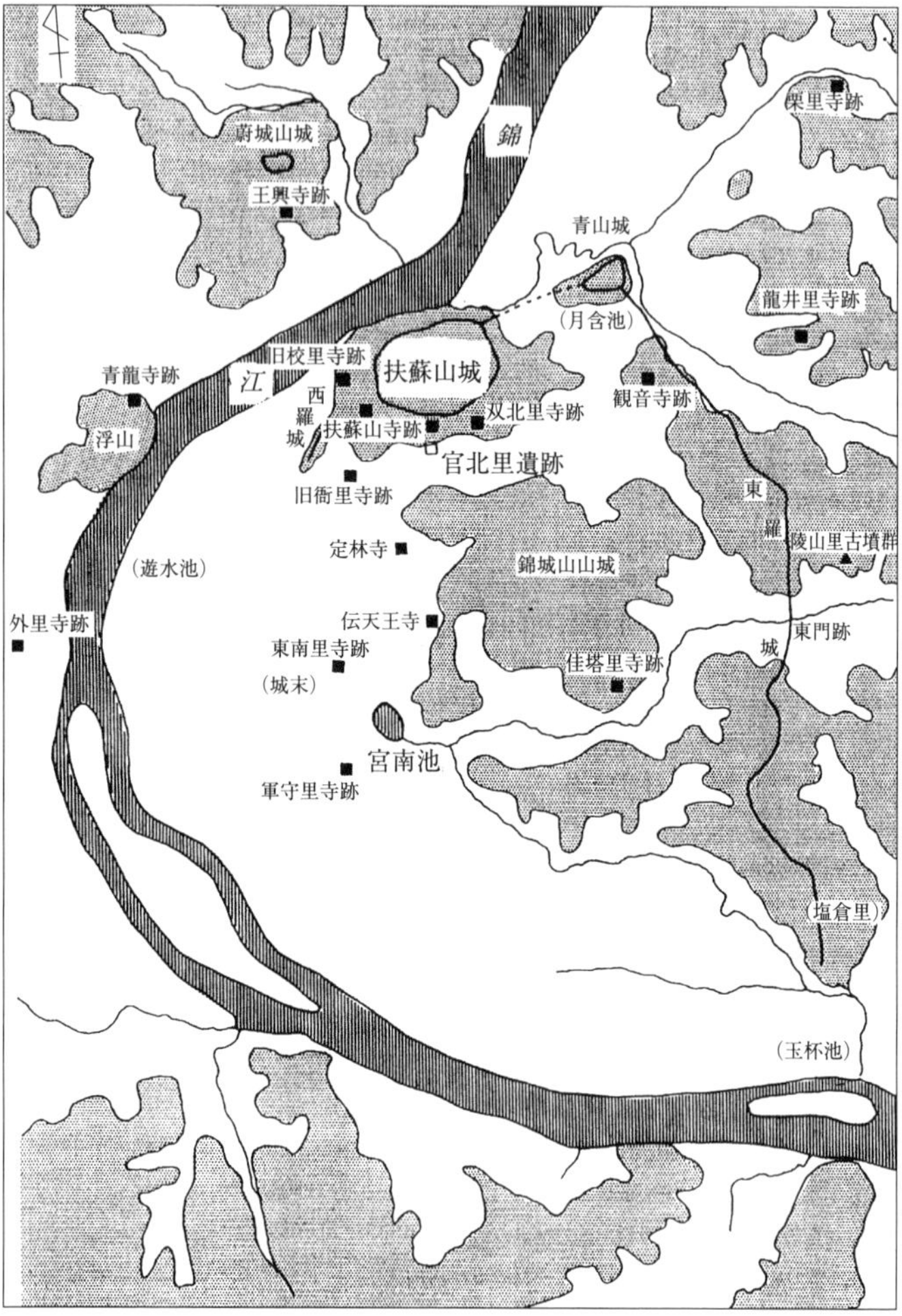

図33　泗　沘

(亀田博『日韓古代宮都の研究』〈学生社，2000〉所収．一部改変)

れ単独で機能していたのである。それに対して泗沘は王宮が山城の麓に置かれ、市街地を設けて全体を羅城で取り囲んでいた。普段は麓の王宮にいて、いざという時には背後の扶蘇山城に逃げ込んだと考えられる。この段階で百済の都は大きく変化したと言える。

城内の様子

王宮跡と考えられているのは、扶蘇山城の南麓の辺りで、旧国立扶余博物館の南の辺りである。発掘調査によって礎石建物や道路遺構、方形蓮池、石組み溝、石垣、泉井、工房跡などのさまざまな遺構が見つかった。遺物も瓦や木簡、開《かい》元《げん》通《つう》宝《ほう》など多様なものが出土している。

建物遺構の一つからは「北舎」と刻印した大型甕《かめ》の破片が出土していて、官衙建物の可能性が考えられている。道路遺構は南北方向の道路と東西方向のものとが見つかっている。側溝も伴っている。

方形蓮池は石築によって護岸された、東西に長い方形の池で、木簡や開元通宝、耳飾りなどが出土している。

泗沘城内の発掘調査によって南北方向や東西方向の道路跡が見つかっている。これらをもとに条坊制が敷かれていた可能性も指摘されている。京内全体にこうした方格地割が存在したのかどうかは今後の調査の進展を待つ必要があろう。しかし、たとえ一部とはいえ、直交する道路跡が見つかっている点は注目される。これは碁盤目状の町割りの可能性を示唆しており、これ以前の百済の都には見られなかった点で、新しい展開と評価できよう。

宮南池《きゅうなんち》は王宮の南方に位置し、六三四年に作られた（『三国史記』巻二七、百済本紀、武王三五年三月条）。池を宮の南に掘って水を引き岸には楊柳を植え、池中に島を築いて方丈仙山に擬えたという。ここでも木造集水施設や水路、建物などの遺構が見つかっており、木簡も出土している。

木簡には「西部後巷《せいぶごこう》」と記されており、泗沘城内に五部五巷制《ごぶごこうせい》が敷かれていたことと関連すると考えられる。五部五巷制とは城内の居住者を地位によって居住地区を上・前・中・下・後の五部に区分し、さらにその中を五巷に分けるというシステムである。この木簡はこの五部五巷制の存在を示唆する資料と見られている。

泗沘城全体は羅城によって囲まれていたと考えられてきたが、実際には北羅城と東羅城だけが作られ、西と南は錦江を天然の防衛線として利用していたと考えられる。

百済の都の展開

百済の都は以上のように遷都を繰り返し、ついに六六〇年、唐と新羅の連合軍の攻撃により泗沘城は陥落し、その後の抵抗もむなしく百済は滅亡した。最後の泗沘城に至るまでに百済の都は大きく三つの時期があった。すなわち、最初の漢城時代、次の熊津時代、そして最後の泗沘時代である。さらに漢城時代には初期の慰礼城と次の漢山城の時期があった。そして、それぞれの時代の都に関わる可能性のある遺構なども見つかってきている。ここでは百済の都の展開過程を振り返っておきたい。

まず遷都の経緯について見直すと、漢城から熊津への遷都はある種偶発的なものであった。つまり、四七五年、高句麗の攻撃を受けて漢城が落城し百済王も戦死するという事態に見舞われる。ここに百済は滅亡したも同然であったが、熊津で再興される。

熊津遷都の過程から、田中氏は計画的な遷都ではなかったと指摘する。確かに漢城陥落と百済の滅亡という危機的な状況の中で行われたわけで、初めから熊津遷都を企図していたわけではなかった。その意味では熊津は仮の都ということになろう。それに対して泗沘は田中氏の指摘のように準備を行って遷った都と考えられる。熊津は百済本城の漢城を失い、一度滅ぼされるという事態の中で拠点として選ばれた都であり、泗沘は計画的に遷都された都ということができる。

漢城に関係する可能性がある風納洞土城・夢村土城も熊津の公山城も基本的には土城、あるいは山城の中に王宮があったと考えられている。高句麗の都がもともと山城と平地の居城のセットからなっていたのとは異なっていたことになる。百済の都のスタイルは、山城と平地居城がセットになったものではなく、土城や山城単独で構成されていたのである。

しかし、最終段階の泗沘城では田中氏によると、次の点で新しい面が現れる。一つは王宮が山城の外に出た点である。つまり、泗沘では扶蘇山城の南麓に王宮が設けられ、山城の外に位置していた。二つには羅城が作られた点である。これ以前には市街地全体を囲むような羅城は作られていなかったが、泗沘では一部錦江を利用しながらも都全体を羅城が囲むようになった。三つ目に京域に部巷制（五部五巷制）が敷かれた点である。これもそれ以前にはなかった制度であった。

以上のように泗沘はそれまでの百済の都には見られない新しい側面を持っていた。ここに百済の都の展開の上で大きな画期が見出されよう。特に部巷制については中国南朝の建康の影響を指摘されている。百済は中国南朝に朝貢を続けており、密接な関係を保っていた。この点からも建康の影響を受けていた可能性があるとされる。しかし、建康の具体的な様相はまだまだよくわかっていないことからすると、今後も慎重な検討を続ける必要があろう。

新羅の都——千年の都

新羅は紀元前五七年に始祖が即位したというが、辰韓《しんかん》の斯盧国《しろこく》を母体に国家形成がなされたと考えられる。そして、斯盧国の根拠地が慶州《けいしゅう》盆地（韓国慶尚北道慶州市）であった。

新羅と慶州

斯盧国には六つの有力な村があり、後には六部《ろくぶ》となった。六部の人たちは六部人と呼ばれ、王京人《おうきょうじん》とされた。この王京人が新羅の支配勢力で、地方人を支配していた。つまり、王京人と地方人には明確な差が存在していたのである。たとえば京位と外位という位階に現れている。京位は王京人にしか与えられず、地方人には外位が与えられていた。王京人にとって慶州の地は自らの存立の基盤であった。新羅の都が九三五年の滅亡まで慶州から動かなかった背景もここにありそうである。

しかし、実際には遷都を企図したこともあった。文武王《ぶんぶおう》二一年（六八一）に文武王は新京城造営を望んだが、諫言によって断念したし（『三国史記』巻七、新羅本紀、同年六月条）、神文王《しんぶんおう》も神文王九年（六八九）、達句伐《たつくばつ》に都を遷そうと考えたが実行されなかった（『三国史記』巻八、新羅本紀、同年閏九月二六日条）。何回か遷都への意欲を持ちながら、結局は実行に移されることはなかった。やはり王京の地、慶州にあってこそ地方人に対して優位な地位を保つことができた王京人にとって、慶州から離れることは現実的に難しかったのであろう。これが千年の都慶州を生み出した背景であった。この点では飛鳥から離れて遷都を繰り返していった古代日本とは大きく異なっていた。

王宮の問題

慶州の王宮は基本的には月城《げつじょう》にあったとされるが、文献史料ではその前に金城《きんじょう》にあったように記されている。『三国史記』では始祖赫居世《かつきょせい》二一年（紀元前三七）に京城を築いて金城と号したとある（同書巻一）。また、同じく二六年（紀元前三二）正月には金城に宮室を営んだ。これ以降、王宮として金城が継続的に見えている。そして、婆娑尼師今《ばさにしきん》二二年（一〇一）二月に城を築いて月城と名付け、七月に王が月城に移り住んだと見える（同書巻一、新羅本紀、同年二月・七月条）。ここに月城が居城となったようであるが、金城という史料はこれ以降も見えていて、両者が併存していたのかどうかが問題となる。金城を王京全体の呼称とする解釈もあるが（亀田博『日韓古代宮都の研究』学生社、二〇〇〇年）、ここでは月城について見ていきたい。

月　城

月城は南川の北岸の独立丘陵にあり、南川が円弧状に流れるのに沿って半月状の形をしていて、半月城とも呼ばれた。周りには土塁が巡らされ各所に門が設けられていた。このうち東北の門は発掘によって一間×二間の規模であったことがわかっている。また南辺を除く三面は濠が点々と配置されていた。

月城の内部には建物や苑池などが存在したと考えられているが、詳細は今後の調査が待たれる。

中枢部の構成

一方、文献史料には月城に関わると思われる施設がいくつか見え、王宮の構成を不十分ではあるが窺い知ることができる。新羅の宮殿については亀田博氏の先駆的な研究があり（前掲書）、それを参照しながら以下に主要な中枢施設について見ていきたい。

沾解尼師今《てんかいにしきん》三年（二四九）七月、宮南に南堂《なんどう》が建てられ、その二年後の五年正月に南堂ではじめて政治を聴いた。また味鄒尼師今《みすうにしきん》七年（二六八）には春夏に雨が降らなかったことから群臣たちを南堂に集めて王自ら政治や刑罰の良否を諮問したり、訥祇麻立干《とつぎまりつかん》七年（四二三）四月には南堂で老人をいたわる儀礼が行われた。また、真平王《しんぺいおう》七年（五八五）三月には王が南堂に出御して無実の罪の者がいないかをチェックした。このように南堂は基本的には王が政務を見る建物で一部儀礼にも使われていたことがわかる。

真徳王《しんとくおう》五年（六五二）正月朔日、王が朝元殿《ちょうげんでん》に出御して百官の朝賀を受けた。賀正の礼はここから始まったとある。また、哀荘王《あいそうおう》七年（八〇六）と憲康王《けんこうおう》四年（八七八）には日本の使者を朝元殿で引見している。この朝元殿は日本の大極殿に相当し、この時、新羅でも唐風の元日朝賀が始まり、そのための儀礼空間である朝元殿一郭が創出されたのである。唐風の儀礼とともに宮殿も唐風化したことになる。

それは三年前、真徳王二年に百済打倒を目指す新羅が金春秋《きんしゅんじゅう》を唐に派遣し、唐の援助を求めて急接近をはかっていたことと関係しよう。その際、金春秋が唐の皇帝に百済攻撃の援助を求めるとともに、新羅でも朝廷の服制を「中華制」、つまり唐の服制に従いたいと願って珍服を与えられていた。そして、翌三年正月には、はじめて「中朝衣冠」、すなわち唐の衣服と冠を着用したと見える。このように新羅では一気に唐風化がはかられ、宮殿も唐をモデルとしたものが新造されたのである。

その他に崇礼殿《すうれいでん》という宮殿も見え、孝昭王《こうしょうおう》七年（六九八）三月には日本の使者を崇礼殿で引見し、哀荘王八年二月に観楽したり、憲徳王《けんとくおう》六年（八一四）三月には群臣と宴会を行っている。このように崇礼殿は外国使を引見したり、饗宴の場として使われていたことがわかる。また、恵恭王《けいきょうおう》三年（七六七）七月、唐に派遣される使者に対して紫宸殿で宴を賜っている。紫宸殿は、同名の宮殿が唐では大明宮の内朝にあり、日本の平安宮では内裏の正殿である。このことに加えて新羅でも遣唐使に対して殊遇を与えていることから、内向きの正殿に当たる可能性が高い。

以上のように新羅王宮の中枢部には、朝元殿、崇礼殿、紫宸殿の三殿が少なくとも存在したことがうかがえる。元日朝賀など大きな儀式のための朝元殿と、それに準ずる儀礼や饗宴の場としての崇礼殿があり、おそらく王の居住空間の正殿であろう紫宸殿から構成されていたと推測される。とすると唐長安城大明宮の含元殿（外朝）、宣政殿（中朝）、紫宸殿（内朝）の三朝制をモデルにした可能性を想定できよう。つまり、朝元殿が外朝、崇礼殿が中朝、紫宸殿が内朝に相当すると思われる。百済打倒のために唐に急接近し唐風化政策を進めた新羅は宮殿形式についても唐風を導入したと考えられる。しかし、発掘調査などによって具体的な宮殿遺構が明確になっていない現時点では一つの仮説の域を出ない。調査の進展を期待したい。

南堂の系譜

朝元殿が建設される以前、新羅では南堂という宮殿が中心的機能を果たしていた。すでに見たように南堂では王自らが政治を見たり群臣と会合したりしていた。そこにおそらく唐風化政策の中で朝元殿以下の三朝制モデルの宮殿群が建設されたのであろう。しかし、憲徳王三年四月、はじめて平議殿《へいぎでん》で政治を聴いている。この間、新羅王がどこで政務を見ていたのかは史料がないためよくわからないが、三朝制を構成する宮殿群とは別に平議殿が作られ、そこでも政治を聴くようになったのである。

以上のことから亀田氏の指摘のように、南堂で政治を聴いていた新羅独自の形態が九世紀になって平議殿に継承されたと考えることもできよう。とすると唐風化政策の中でいったんは三朝制の宮殿群を整えたものの新羅独自の聴政スタイルを温存していたことになるのかもしれない。ただし、それとは別の要因も考えられ、実際の遺構が確認できないため今後の課題としておきたい。

雁鴨池　月城の東北には苑池を伴う宮殿遺構が発掘調査によって明らかにされている。苑池は雁鴨池《がんおうち》と呼ばれているが、当時は月池と呼ばれ、東宮に相当する遺構と考えられている（図34）。

大規模な池には三つの島が浮かび、西側は加工石による直線的な護岸が施され、東側の汀線《ていせん》は逆に自然の景色を模して優美な曲線から構成されている。東南に導水路があり、北岸には排水路が設けられている。

宮殿は西岸に南北方向に前殿・中殿・後殿を配列し、汀上には池に望む建物が建てられていた。前殿以下の南北に並ぶ宮殿群はまさに中国の宮殿スタイルであり、新羅の唐風化政策をうかがうことができる。

六七九年、東宮をはじめて作っており（『三国史記』巻七、新羅本紀、文武王一九年八月条）、この遺構群が東宮に相当するとされる。また、『三国史記』には宴会の場として臨海《りんかい》殿《でん》が見えるが、この池に望んだ宮殿がそれであるとも考えられている。

北宮の可能性

月城の北方に城東洞《じょうとうどう》遺跡が発掘調査によって確認されている。四棟の殿堂が東西に並び、それぞれを長廊が囲んで区画する遺構を中心に建物

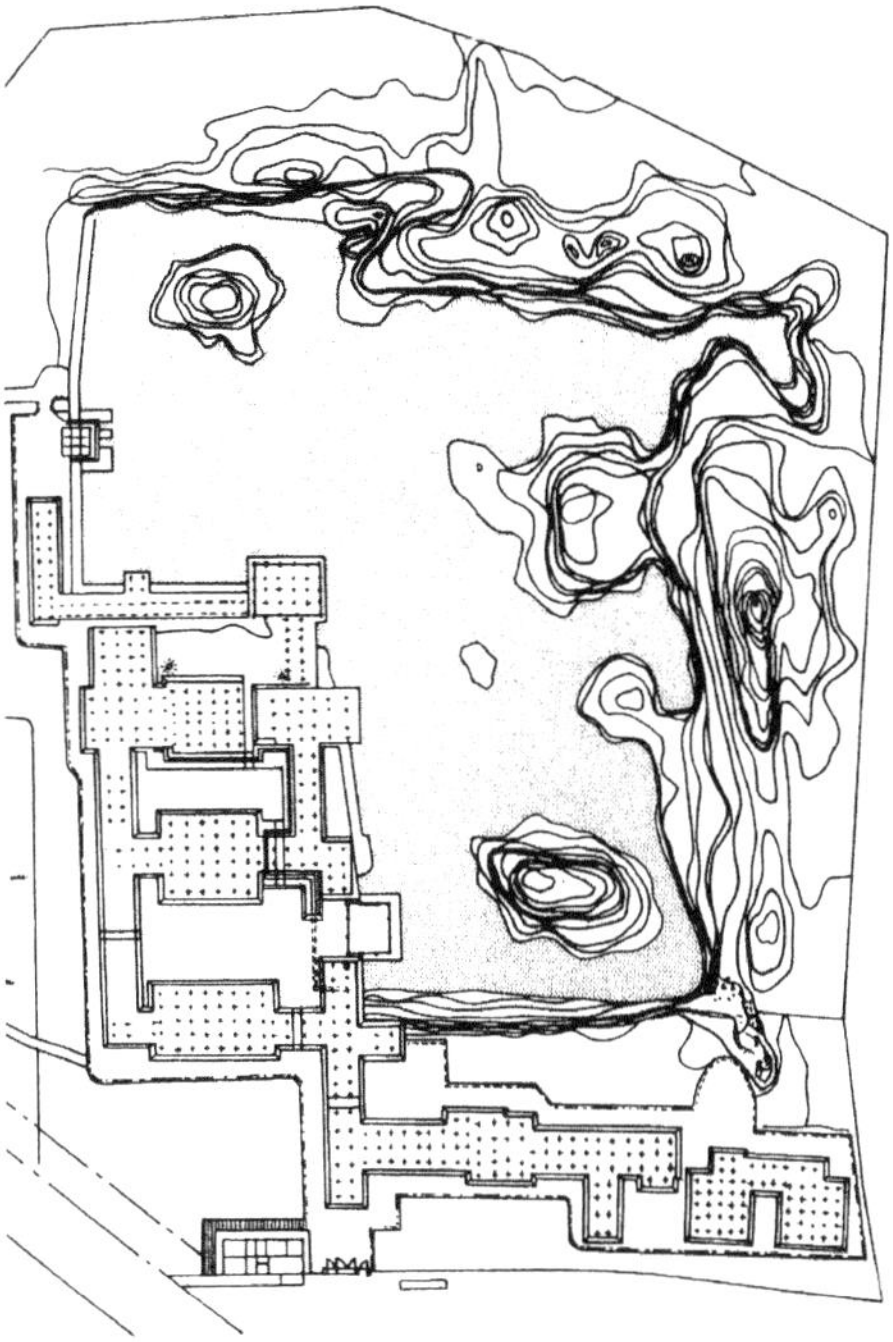

図34　雁鴨池（森浩一監修、東潮・田中俊明『韓国の古代遺跡』１新羅編〈中央公論社，1988〉所収．一部改変）

群や垣牆《えんしょう》、道路などの遺構が検出されている。

この遺構については寺院跡の可能性も考えられるが、宮殿遺構と見られている。とすると何という宮殿かが問題となるが、確かなことはわかっていない。しかし、現段階では文献史料に見える「北宮」の可能性が考えられている。

北宮は七六六年に初見し、二つの星が北宮の庭中に墜ちたという（『三国遺事』巻二、恵恭王二年七月条）。また、八九七年、真聖王《しんせいおう》が北宮で死去した（『三国史記』巻一一、新羅本紀、真聖王一一年一二月乙巳条）。月城の北方に位置するこの遺跡は北宮と見るのにふさわしく、そうした見解が有力である。だが、『三国史記』巻三一の年表中では真聖王は後宮に薨《こう》ずとも見えており、北宮は後宮のことを指している可能性も否定できない。なお検討が必要であろう。

方格地割の展開

慶州盆地では方格地割の存在は古くから認識されていた。近年の発掘調査によっても京内に碁盤目状の道路跡が施工されていたことがわかってきている。新羅の場合、京内は坊と里から構成されていたと記録されており（『三国遺事』巻一、辰韓条）、坊里制《ぼうりせい》と呼ばれている。

発掘調査の成果によると道路は小路（四〜六・五メートル）、中路（九〜一二メートル）、大路（一五メートル以上）の三ランクがあったと見られる。このような方格地割が施工された時期については、文献史料では四六九年に京都の坊里名を定めたと見える（『三国史記』巻三、新羅本紀、慈悲麻立干一二年正月条）。しかし、五世紀まで遡らせることは現時点では難しく、王京中心部の方格地割は六世紀中頃に行われたという見方（佐藤興治前掲論文）や、七世紀後半以降とする見方（田中俊明前掲論文）もある。

しかも条坊道路には軸線にずれが存在していることから、何段階かに分けて施工されていったと推測される。つまり、一気に全京域が形成されたわけではなく、段階的に施工されていったと見られる。

王京の全体像

王京の京域や条坊の施工範囲についてはまだ確定しているわけではない。かつては全体を方形に復元し内部を碁盤目状に区画した推定復元案が複数提示されていた。だが、条坊制の施行範囲もまだはっきり摑み切れていないし、先述のように条坊道路自体も段階的に作られていったことがわかってきている。王京は一気に形成されたとは考えられず徐々に拡大していったのであろう。これからの発掘調査の成果の積み重ねを待ちたい。

また、王京全体の形についてはどうであろうか。基本的に王宮は月城に存在し続けたと見られている。しかし、月城は王京の南に位置しており、唐長安城の北闕型とはかけ離れている。とは言ってもすでに見た通り王京人は慶州から都を遷すことはできなかった。そこで城東洞遺跡、つまり北宮という新しい王宮が北端に作られ、その南面一帯に条坊制を施行して長安風の都が整えられたとされる。だが、やはり月城は依然として維持され、完全に唐風にはなりきれなかった。ここに新羅の都の特徴があろう。

動けなかった都

新羅の都慶州は千年の都と呼ばれる。その始まりが本当に紀元前に遡るのかどうかは慎重な検討が求められようが、高句麗や百済の都が遷都を繰り返したのに対して動くことがなかったのは確かである。すでに紹介したように遷都を企図したことは何度かあった。しかし、結局は慶州に留まった。それは新羅の支配層である王京人の根拠地が慶州であり、そこから移ることが難しかったからであろう。

しかし、唐との接近をはかり唐風化政策を進めるためには都も唐長安城に近づける必要があった。宮城の中枢部では朝元殿・崇礼殿・紫宸殿からなる三朝制が導入された可能性があり、王京にも碁盤目状の条坊制が段階的に施行されていった。そして、王宮も月城は維持するものの北宮を新たに造営したと見られる。つまり、まだ留保は必要だが、北宮に比定される城東洞遺跡を北方に造営したと想定される。慶州から離れることができなかったため、少しずつ唐風の要素を取り入れていったと考えられよう。

このように新羅は慶州から都を遷すことはなかったが、唐長安城を意識して改造を加えていった。しかし、月城は基本的には王宮として維持されており、伝統と唐制の折衷的な王都であった（田中俊明「朝鮮三国王都の変遷」〈王維坤他編『古代東アジア交流の総合的研究』国際日本文化研究センター、二〇〇八年〉）。

ただし、次の段階として条坊施工のより詳細なプロセスや城東洞遺跡の性格の究明、さらに王宮の中枢部の遺構の確認などの進展が望まれる。これらが進むことで、より明確な慶州像が得られるであろう。

海東の盛国渤海の都

渤海の建国

海東の盛国

古代の東アジアに渤海《ぼっかい》という国家が存在した。七世紀末に建てられ、一〇世紀初めに滅ぶまで中国東北部、北朝鮮の一部とロシア沿海州《えんかいしゅう》にわたる地域を支配していた。最盛期には「海東の盛国」（『新唐書』巻二一九、渤海伝）と評されるほどの繁栄を誇っていた。一三代王の大玄錫《だいげんしゃく》の時代、しばしば留学生を唐の都の太学《たいがく》に送って中国の古今の制度を学ばせたことによる。しかし、それ以前から渤海は唐に使者を派遣して中国の文物や制度を取り入れており、そうした積み重ねがこのような評言の背景にあったのであろう。

だが、朝鮮三国や隋唐に比べて渤海はそれほど知られていないのではないだろうか。高校の日本史の教科書にも出ているものの簡単な記述で済まされていることが多い。しかし、日本にもたびたび使者を派遣してきており、平安時代には日本の貴族と渤海からの使者の間で漢詩の応酬など、文化的な交流も行われ日本にとっても密接な国の一つであった。

　渤海国の歴史はベールに包まれている。というのは、自国の歴史を記した書物やその他のまとまった文献史料が残されていないからである。その姿を伝えているのは中国や日本、朝鮮半島の文献史料で、渤海にとっては外国に残っていることになる。そのため渤海自身が記したものとは一線を画すことになる。さらに渤海史全体を体系的に示すような史料も不十分である。ただ、『旧唐書《くとうじょ》』『新唐書』には渤海の伝があり、渤海の全体把握の基礎史料となっている。

　以上のように限られた史料に対して考古学的な資料もある。渤海遺跡の調査は戦前からすでに始まっており、鳥山喜一、斎藤優ら以降の調査成果が蓄積されている。渤海の都についても後に紹介するように発掘調査が進められている。こうした文献史料や考古資料などを通して渤海研究は進められてきた。それでは渤海国とはどのような国だったのであろうか。

東牟山に自立

　唐は高句麗を滅ぼした後、その移民を分断するために営州《えいしゅう》（中国遼寧省朝陽市）に移住させた。その中に粟末靺鞨《ぞくまつまっかつ》の首領乞乞仲象《きつきつちゅうしゅう》がいた。そして、営州には彼ら以外にも契丹族もいた。その首領李尽忠《りじんちゅう》らが六九六年に営州都督を殺して反乱を起こした。この反乱は間もなく鎮められたが、その最中に乞乞仲象と乞四比《きつしひ》羽《う》らは高句麗の移民を率いて営州を脱出し高句麗の故地に向かった。これに対して唐は懐柔策をとって乞乞仲象を震国公《しんこくこう》に、乞四比羽を許国公《きよこくこう》に封じて容認することにした。だが乞四比羽は応じなかったので、唐は軍隊を派遣して討伐させた。その間、乞乞仲象は亡くなり子の大祚栄《だいそえい》に引き継がれたと推測される。唐軍は大祚栄を攻めたが、逆に敗北して逃げ帰った。ここで祚栄は建国して震国（辰国）王と自称し、東牟山《とうむさん》を拠点に自立した。祚栄は突厥《とつけつ》や新羅との関係を結ぶ一方で、靺鞨諸部や高句麗の移民を結集して勢力を拡大させていった。

　このように勢力を着実に伸ばしていく祚栄に対して唐は討伐するよりも懐柔する方針で臨むこととした。祚栄も子の大門芸《だいもんげい》を唐の朝廷に送り入侍《にゆうじ》させたので、唐は祚栄を冊封《さくほう》することとした。しかし、契丹《きつたん》や突厥がたびたび唐への侵入を繰り返したため果たせなかった。だが、ついに唐の先天二年（七一三）、大祚栄を左驍衛員外《さぎようえいいんがい》大将軍・渤海郡王《ぼつかいぐんおう》・忽《こつ》汗州都督《かんしゆうととく》に冊封した。ここに祚栄は唐から渤海郡王という地位を認められたことになる。『新唐書』渤海伝によれば、これ以降靺鞨の名をやめてもっぱら渤海を称したという。

勢力拡大と危機

　大祚栄の死後、子の大武芸《ぶげい》が跡を継ぎ、唐の開元七年（七一九）に唐は武芸を父と同じ左驍衛大将軍・渤海郡王・忽汗州都督に冊封した。

『新唐書』渤海伝には大武芸は大いに土宇《どう》を拓き、東北の諸夷はその勢力を恐れて臣従したと記されている。武芸は周辺諸部族を臣従させ渤海の勢力拡大を推し進めたのである。渤海の北にいた黒水《こくすい》靺鞨は、渤海の成長に対抗して直接唐に使者を派遣し、唐もそれに応じて黒水州とし役人を送って密接な関係を結んだ。これに対して武芸は黒水靺鞨と唐が挟撃しようとしていると強い危機感を持った。そこで武芸は弟の門芸らに黒水靺鞨への攻撃を命じた。しかし、唐の朝廷に入侍した経験のある門芸は黒水を攻撃することは唐に背くことと同じであり、唐軍の前には渤海は到底かなわないと反対した。だが武芸は従わずそのまま出兵させた。それでも門芸は出兵先からもう一度、兄武芸を諌める書を送った。武芸はこれに怒り門芸を交替させて呼び戻そうとした。

門芸は身の危険を避けて唐に亡命し、唐も門芸を保護したので、唐と渤海との間には緊張関係が生じ、新羅なども巻き込む国際問題に発展していった。こうした情勢の中で武芸は、七二七年、日本に初めて使者を派遣し日本との関係構築を図った。

出羽《でわ》国に着いた渤海使は大使高仁義《こうじんぎ》以下二四人だったが、蝦夷の地に漂着したため高仁義を含めて一六人が殺されてしまった。それでも国書を聖武天皇に捧呈した。この国書で渤海は高句麗の旧地を回復した国家であると説明している。これに対して日本はかつての高句麗の朝貢《ちょうこう》の復活と捉え、以後もその姿勢で臨むこととなる。渤海は黒水靺鞨や新羅を牽制するために日本と友好的な関係を結ぼうとしていたのに対して、日本は滅亡した高句麗の朝貢が復活したと受け取って蕃国《ばんこく》を臣従させているという自意識を満たすものと考えていた。このように両国の思惑にはずれがあったが、平安時代まで続く日渤交渉はこうして始まった。

安定の時代へ

渤海と唐の対立は最終的に武芸が再び唐に接近をはかり唐も応じたことから良い方向へと進んだ。そして、七三七年、武芸が没し新たな王に大欽茂《きんも》が即位した。唐は、欽茂を父と同じ左驍衛大将軍・渤海郡王・忽汗州都督に冊封した。欽茂は父とは異なり親唐政策を推し進めていった。

『旧唐書』渤海伝によれば、欽茂の時代に盛んに遣唐使を送ったという。一年おきであったり、一年のうちに二、三回も派遣したりしたと記されている。唐の文物を積極的に取り入れようとしていたことがうかがえよう。

具体例として、七三八年、渤海は使者を唐に遣わして唐礼・『三国志』・『晋書《しんじょ》』・『三十《さんじゅう》六国春秋《ろくこくしゅんじゅう》』を書写することを願い許可されている（『唐会要』巻三六、蕃夷請経史）。すなわち、渤海は唐の儀礼書と歴史書を筆写して手に入れたのである。渤海の都を理解する上で特に注目されるのは、唐礼を入手したことである。朝廷で行われる儀礼は当然それが行われる場である宮中や都の形と密接な関係にある。つまり、儀礼の内容に見合った場が必要となる。ここに書写して持ち帰った唐礼は『大唐開元礼《だいとうかいげんれい》』とされるが（濱田耕策『渤海国興亡史』吉川弘文館、二〇〇〇年）、渤海が唐礼を取り入れようとしていた、あるいは参考として自国の儀礼を整えようとしていたことが知られる。

日本も唐礼を継受して元日朝賀などの儀式を整備し、それに合わせて大極殿などの宮殿を形成していった。新羅も同様に朝元殿などを建設して儀礼のための空間を整えていった。渤海の場合も同じように唐礼の摂取は都城形成理解の上で重要な出来事であった。

唐の制度や文物を積極的に取り入れ唐への接近策を推進してきた欽茂は、ついに唐の宝応元年（七六二）、渤海郡王から渤海国王に封ぜられた。ここに郡王から自立した国王として承認されたことになり、渤海史上大きな画期となった。

五つの京

渤海の五京

渤海の地方制度については『新唐書』渤海伝にまとまった記述がある。それによると領域内には五京・一五府・六二州が置かれていたという。五京とは上京・中京・東京・南京・西京の五つである。そして、上京は龍泉府《りゅうせんふ》、中京は顕徳府《けんとくふ》、東京は龍原府《りゅうげんふ》、南京は南海府《なんかいふ》、西京は鴨渌府《おうりょくふ》の府治《ふち》が置かれていた。さらにそれぞれの下に複数の州が所管されていた。これ以外にも率賓府《そっぴんふ》などの一〇府があり、それぞれ州を管下に置いていた。その他に府には属さない独奏州《どくそうしゅう》が存在した。

このように渤海の地方行政組織は重層的に整備されていた。中でも五つの京はそれぞれ重要地点に置かれていたと推測される。このうち東京龍原府は日本に通じる「日本道」、南京南海府は新羅に通じる「新羅道」、西京鴨渌府は唐に通じる「朝貢道」とされ、重要ルートに位置していた。

五京のうち、南京と西京の所在地についてはいくつかの比定地があり、現段階ではまだ確定できていない。それ以外の三つの京については後に詳しく紹介したい。

遷される都

李尽忠の乱の際、営州を脱出して最初の居城としたのが東牟山であった。そこは中国吉林省敦化《とんか》市辺りと考えられている。この地が旧国《きゅうこく》と呼ばれる渤海初期の都であった。

その後、大欽茂の時代に遷都が繰り返されていく。まず唐の天宝年中（七四二〜七五六）には顕州《けんしゅう》に都を置いていたという（『新唐書』巻四三下、地理志）。顕州とは中京顕徳府のことを指しているので、天宝年間には旧国から中京に都が遷っていたことが知られる。この中京の比定地は中国吉林省延辺《えんぺん》朝鮮族自治州和竜《わりゅう》県の西古城《さいこじょう》跡が有力視されている。

続いて天宝末に欽茂は上京に遷都した（『新唐書』渤海伝）。上京龍泉府は旧国から三〇〇里の距離があり忽汗《こっかん》河《が》の東に所在したと見える。現在も中国黒竜江《こくりゅうこう》省寧安《ねいあん》県に遺跡が明瞭に残っている。その遺跡から復元される都の姿は唐長安城を模したものであった。

さらに欽茂は都を遷す。唐の貞元年間（七八五〜八〇五）に東南方の東京に移ったという（『新唐書』渤海伝）。東京は中国吉林省琿春《こんしゅん》市の八連城《はちれんじょう》がその遺跡に比定されている。

大欽茂はこのように三回も遷都を行った。すなわち、建国の地の旧国から中京顕徳府へ、そして上京龍泉府、さらに東京龍原府へと都を遷していった。ただし、中京遷都は欽茂以前の大武芸時代と見る考え方もある（朱国忱・魏国忠著・佐伯有清監訳・濱田耕策訳『渤海史』東方書店、一九九六年）。

しかし、七九三年三月四日、欽茂はこの世を去った。五七年という長い在位期間は安定と引き替えに後継者問題を招いた。後継候補の大宏臨《こうりん》はすでに亡くなっていた。結局、族弟の大元義《げんぎ》が即位したが、元義は猜疑心が強く一年で殺されてしまった。

その結果、おそらく七九四年に大宏臨の子大華璵《かよ》が即位した。彼は欽茂の孫である。華璵は都を東京から再び上京にもどした（『新唐書』渤海伝）。しかし、一年を経ずして没してしまった。次に王位に即いたのは大嵩璘《すうりん》であった。これ以降、渤海の都は上京龍泉府に固定され、滅亡まで遷都することはなかった。

建国の地

営州から脱出して拠点としたのが東牟山であった。ここに城郭を築いて居所としたと見える（『新唐書』渤海伝）。渤海建国の地である東牟山や旧国は、中国吉林省敦化市辺りとされるが、その遺構についてはいくつかの説があるもののまだ確かなことはわかっていない段階である。

旧国の比定地として古くから注目されてきたのが敖東城《ごうとうじょう》である。敖東城は二重の土塁が回字状にめぐる遺跡で、内城がほぼ正方形で一辺約八〇㍍《メートル》あり、外城は東西に長い長方形で東西が約四〇〇メートル、南北が約二〇〇メートルをはかる大きさである（魏存成『渤海考古』文物出版社、二〇〇八年）。

しかし、近年は敦東城に対して永勝《えいしょう》遺跡にも注目されている。永勝遺跡は敦化市南約八キロに位置し、建物跡や唐代の開元通宝などの遺物も見つかっている。だが今のところ全体を囲むような城壁などは見つかっていないなど、まだ検討の余地がある。

また、城山子山城《じょうさんしさんじょう》にも注意されてきた。敦化市西南約一二・五キロに位置し海抜六〇〇メートルの山城である。土石混築の城壁がめぐらされ、内部は池跡や五〇ほどの半地下式住居跡が見つかっている（前掲『渤海考古』）。

渤海建国初期の都、旧国についてはこのように有力視される比定地があるものの確定されるまでには至っていない。これらのいずれかなのか、それ以外に存在しているのかはさらなる研究の進展を待つしかない。

中京顕徳府

『新唐書』渤海伝によれば、天宝年間に都としていたところが中京顕徳府であった。その遺跡は中国吉林省延辺朝鮮族自治州和竜市の西古城と考えられている。ただし異説も存在している。西古城の南に位置する河南屯古城《かなんとんこじょう》と見る説もある。ここでは遺跡の様相についてよくわかっている西古城を紹介することとしよう。

西古城の本格的な発掘調査が二〇〇〇年以降継続的に行われ、その成果が吉林省文物考

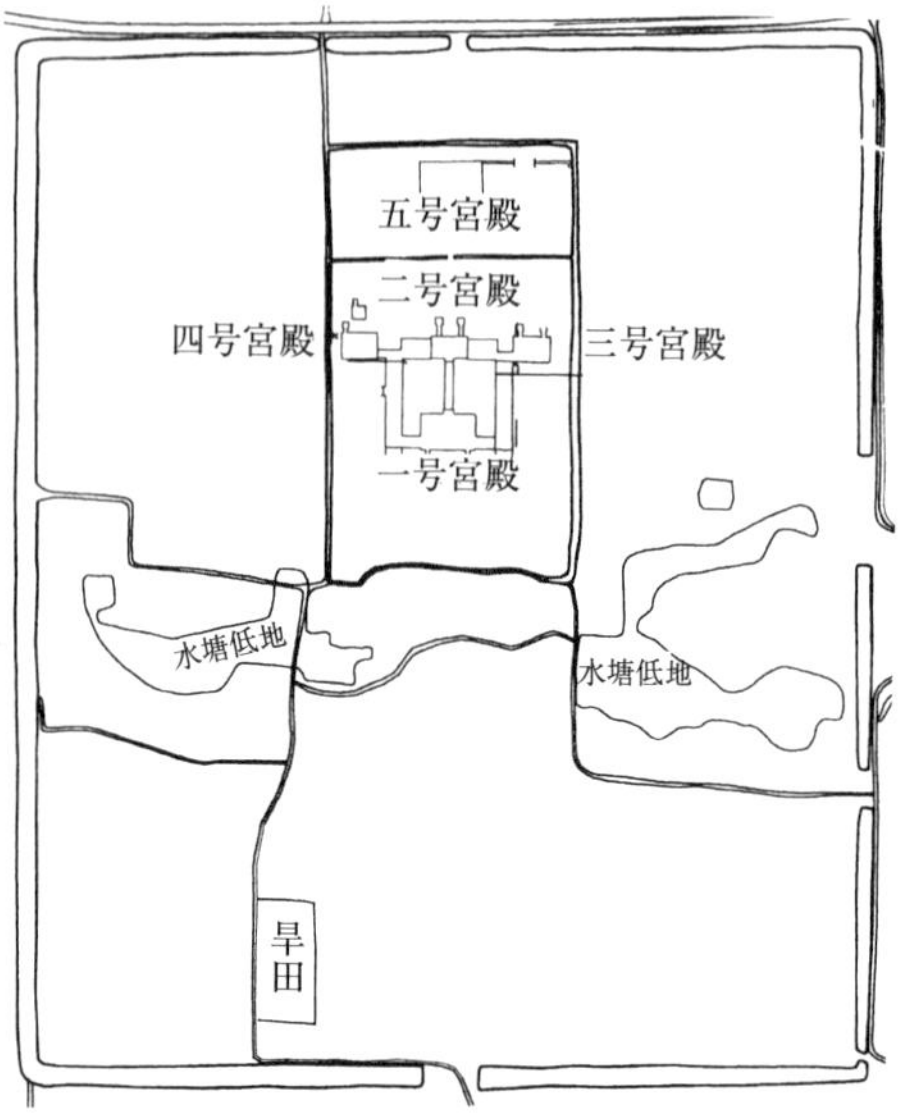

図35　西古城（吉林省文物考古研究所他『西古城』〈文物出版社，2007〉所収．一部改変）

古研究所他『西古城―二〇〇〇～二〇〇五年度渤海国中京顕徳府故址田野考古報告―』として刊行されている。以下、この報告書などを参照しつつ西古城の概要を紹介してみたい（図35）。

　西古城は外城と内城からなっていて、外城の大きさは東西約六三〇《メートル》、南北約七三〇《メートル》のやや南北に長い長方形である。外城の城壁はとても残りが良く、残存高は一・五～二・五《メートル》前後で、一番高いところでは四《メートル》もある。現地でも明瞭にそれとわかる残りの良さである。各辺には門があったと考えられるが、このうち南門については発掘調査が行われた結果、門道が一本の門跡が確認されている。

　内城は西古城の中枢施設で、五棟の宮殿跡が見つかっている。内城は東西が約一八七《メートル》、南北が約三〇六《メートル》の南北に長い長方形を呈している。

内城の宮殿群

内城の内部は北四分の一ほどの所に東西方向の牆壁《しょうへき》があり、内城内を大きく二つの区画に分割している。この東西方向の牆壁には中央の門があり、発掘調査によって門の構造も明らかになっている。

内城内には五棟の宮殿跡があるが、一号宮殿、二号宮殿、五号宮殿の三棟は南から北に向かって内城の中軸線上に一列に配置されている。一号、二号宮殿は内城内を二分する牆壁の南にあり、五号宮殿は北に配置されている。

二号宮殿の東には三号宮殿、西には四号宮殿が置かれ、それぞれ二号宮殿と回廊で結ばれている。二号宮殿と一号宮殿も廊で結ばれており、一号宮殿の北、二号宮殿の南の空間も東西の回廊によって大きく囲まれて一郭をなしている。

一号宮殿は基壇上に建つ東西棟の建物で正殿と考えられる。二号宮殿も基壇上に建ち、東西に配殿《はいでん》という付属建物が配されている。北には煙出しのための施設が二本、付属していて床下暖房（オンドル）が設けられていたと推測される。こうしたことから二号宮殿は寝殿（寝宮《しんきゅう》）に相当するとされる。同様に二号宮殿の東西の三号・四号宮殿も煙道を伴っており床下暖房が備えられていたと思われるので、二号宮殿を中心に生活空間が形成されていたと考えられる。それに対して南面の一号宮殿は儀式や政治の場としての正殿と捉えられる。

渤海宮殿の基本型

このように儀式など公的な性格を持った一号宮殿と生活空間の寝殿に相当する二号宮殿が南北に並び、両者の間が廊によって結ばれていたことがわかった。日本の宮都と比較すると、前期難波宮の中枢部にも近似しているように見える。こうした形式は後にも触れるように東京龍原府とされる八連城や上京龍泉府でも同様であった。さらに寝殿に当たる二号宮殿や東西の三・四号宮殿に床下暖房施設が備えられていた点も同様に見られる特徴である。床下暖房は高句麗の伝統を継承していると思われ、渤海の生活様式に密接に関係していると理解されよう。宮殿そのものは基壇上の礎石建ち瓦葺きの中国風としながら、寝殿部分では独自の生活様式を保っていたのである。それはもっとも唐長安城に近似する上京龍泉府においても同じであった。

以上が渤海都城の宮殿の基本型ということになる。旧国の宮殿が具体的にはよくわからない現段階では明確にはならないが、こうした基本型が西古城で初めて登場したのか、あるいは旧国段階、場合によっては高句麗時代にすでに形成されていたのかどうか興味が持たれる。

上京遷都

旧国から中京に都を遷した大欽茂は、天宝末頃、上京に遷都した。天宝年間（七四二～七五六）に中京を都としていたことから、中京にいた期間はそれほど長かったわけではないことになる。上京に遷った年も明確ではなく、天宝末とあるから七五五年前後と考えられている。

中京から上京への遷都がなぜ行われたのかは、明確にわかる資料が残っていないためよくわからない。大欽茂は左金吾衛大将軍《さきんごえいたいしょうぐん》といった武官に唐から任命されていたが、後に太子詹事府《たいしせんじふ》の詹事《せんじ》や太子賓客《たいしひんきゃく》といった文官に任じられている。このように武官系から文官系に移ったことが上京遷都の要因の一つと考えられている。そして、七六二年に渤海郡王から渤海国王に冊封《さくほう》されたことを受けて、王都にふさわしく造営されたと推測されている（濱田耕策前掲書）。

上京と唐長安城

上京龍泉府についても現在、地表にその痕跡がよく残っており、復元研究も進んでいる。そうした復元によると、全体の外郭城は東西約四六〇〇メートル《メートル》、南北約三四〇〇メートル《メートル》程の横長の長方形を呈していて、北辺には突出した張り出し部がある（図36）。

外郭城の中央北に宮城があり、その南に皇城が配置されている。唐長安城と同じく北闕型であり、しかも宮城とは別に皇城が分置されている。宮城は東西が約六二〇メートル《メートル》、南北が約七二〇メートル《メートル》の南北に少し長い長方形となっている。その東西に苑池や掖城《えきじょう》があり三者を合わせた東西幅は約一〇五〇メートル《メートル》ある。その南の皇城は東西は宮城と同じ長さで南北が約四五〇メートル《メートル》ある。中央北詰に宮城を置き、その南に皇城を設けている点は唐長安城の太極宮と

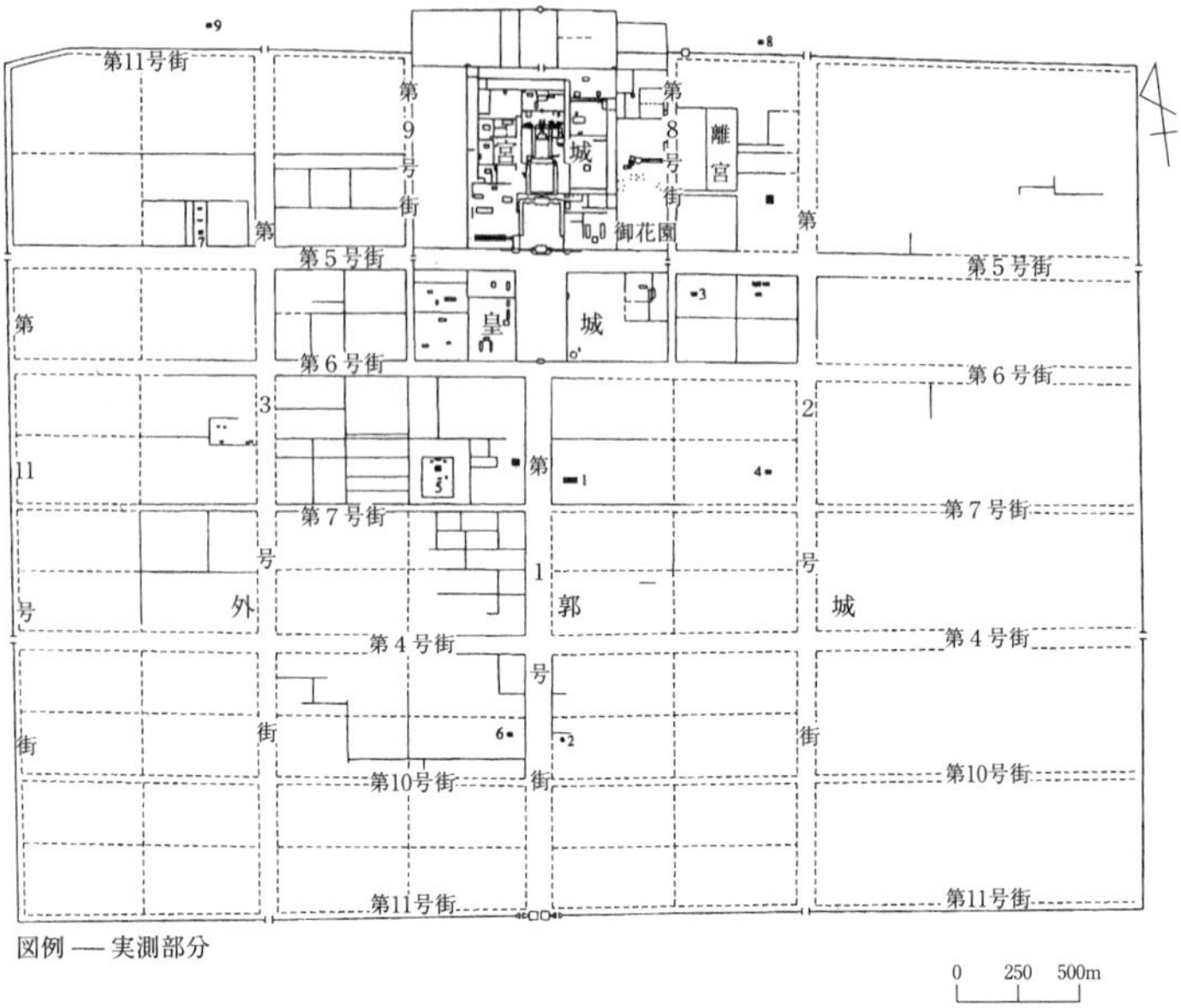

図36　上京龍泉府
（黒竜江省文物考古研究所『渤海上京城』〈文物出版社，2009〉所収）

皇城の関係と全く同じであり、外郭城も東西に長い長方形となっていて、唐長安城をモデルとしていたことは一目瞭然である（黒竜江省文物考古研究所『一九九八〜二〇〇七年度考古発掘調査報告　渤海上京城』文物出版社、二〇〇九年）。

このように唐長安城にそっくりな上京龍泉府は、大欽茂が進めていた唐に対する接近政策の一つの現れと評価されよう。

壮大な宮殿群

宮城内には中軸線上に南北に門と宮殿跡が並び、その周辺に付属する建物跡が見つかっている（図37）。宮城南中央の正門は五鳳楼《ごほうろう》と呼ばれているが、当時の名前はわかっていない。東西約四二メートル、南北約二七メートル、残っている高さ約五メートルという巨大な基壇を持つ門である。この巨大な基壇上に門楼が建てられていた。こ

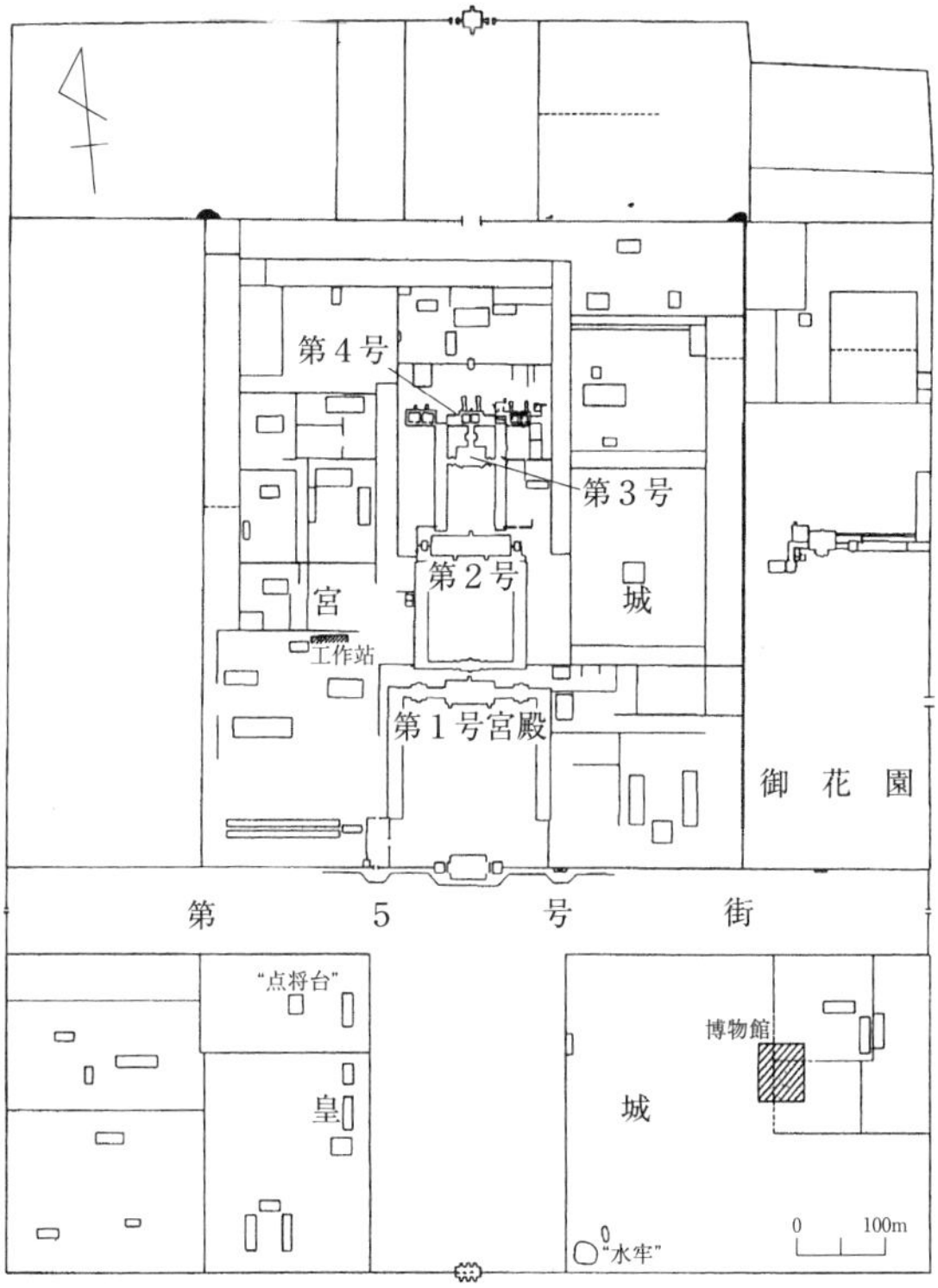

図37　上京龍泉府宮城・皇城（黒竜江省文物考古研究所『渤海上京城』〈文物出版社，2009〉所収．一部改変）

図38　上京龍泉府出土方塼拓本（黒竜江省文物考古研究所『渤海上京城』〈文物出版社，2009〉所収）

の門の特徴は基壇には通行するための門道《もんどう》が開けられていない点である。唐長安城などの場合は基壇に三道、あるいは五道の門道が設けられていて、そこを通行していた。それに対して上京の宮城正門の基壇には門道が作られていなかった。かわりに基壇の両脇に通路が設けられていたのである。このような違いが何に起因するのかは興味深いところである。

宮城正門を入ると回廊で囲まれた広大な朝庭があり、その北に第一号宮殿が聳えていた。この宮殿も東西約五五・五メートル、南北約二四メートル、高さ約二・七メートルの基壇上に建つ正殿である。

第一号宮殿には南辺東西に階段が付き、東西から延びた回廊は南へ折れて前方の朝庭を取り囲んでいた。そして、第一号宮殿基壇の東西両脇に門が設けられていた。瓦も出土しており瓦葺きの壮大な正殿が聳え立っていたことが想像される。

第一号宮殿の北には、また回廊で囲まれた一郭があり、その南正門を入るとまた朝庭があって、その北に第二号宮殿があった。その基壇は東西約九二メートル、南北約二二メートルという長大なもので、この上に宮殿が建てられていた。ここからも瓦などが出土しており、美しい方塼《ほうせん》や獣頭といった装飾も見つかっている（図38）。

注目されるのは、「品位」「客」と刻まれた陶版が見つかっていることである（図39）。これは版位《へんい》と考えられている。版位とは朝庭に参集した臣下たちが整列する際の立ち位置を示すために置かれた目印で、位階や役割、立場ごとに列立する場所の目印としたもので

図39　上京龍泉府出土の版位
（黒竜江省文物考古研究所『渤海上京城』〈文物出版社，2009〉所収）

ある。当然、もともと中国の朝庭で使われていたものであり、現在も北京紫禁城に同様のものが置かれている。つまり、渤海でも同様の版位が導入されていたということがうかがえ、中国風の儀礼が行われていたと推測できよう。ちなみに日本の古代国家も版位の制度を導入していた。

第三・四号宮殿

第二号宮殿の北にも回廊で囲まれた朝庭があり、その北に第三号宮殿があり、さらにその北に廊で結ばれた第四号宮殿が置かれていた。

第三号宮殿の基壇は破壊が進んでいるが、残存状況から東西約三三メートル《メートル》、南北約二一メートル《メートル》で高さが一・六メートル《メートル》程となる。東西に回廊が延びて南北方向の回廊に接続する。南面に東西対称に階段が付き、朝庭に面している。北側は中央に廊が取り付いていて北の第四号宮殿につながっている。この廊の途中には小さな建物跡が見つかっている。

第四号宮殿の基壇は東西約二八メートル《メートル》、南北約一七・四メートル《メートル》、残っている高さが約〇・三メートル《メートル》で、内部は中央の通路状の空間を挟んで東西に二つの部屋があった。また、第四号宮殿の東西に配殿という建物が付属していた。さらに東側に回廊が延びて第四—一号宮殿に接続していた。この宮殿も内部は第四号宮殿と同じく東西二室に分かれていた。また、西側にも対称的に同じように宮殿が付属していた。

ここで特徴的なことは、第四号宮殿とその東西の宮殿に床下暖房施設が設けられていた点である。いずれも北辺に二つずつ煙道と思われる遺構が附設されていた。このことからこれらの宮殿が渤海王の日常的な生活空間であったとされる。

このように床下暖房施設付きの宮殿と、その南に正殿があり、両者が廊で連結されている形態は、西古城でも見られた宮殿スタイルである。このスタイルが渤海都城の基本的なものであったと言えよう。

上京と三朝制

上京龍泉府宮城の主要宮殿群は以上のように南北に並んで配置されていた。こうした宮殿のあり方は、唐長安城をモデルとしていたと考えられる。すなわち、もっとも南の第一号宮殿が唐長安城大明宮の含元殿に当たり、第二号宮殿が宣政殿、第三号宮殿が紫宸殿、第四号宮殿が生活空間に相当すると指摘されている。つまり、第一号宮殿が外朝、第二号宮殿が中朝、第三号宮殿が内朝と位置づけられ、長安城と同じく三朝制を構成していたと理解できる。それぞれの宮殿が実際にはどのように使われていたのかは、文献史料が残っていないためにわからない。しかし、唐の三朝制を取り入れていたとすると、唐と同じように使われていたと推測されよう。

ただ、ここで注目されるのは、第四号宮殿と付属宮殿に床下暖房施設が設けられていた点である。第一号から第三号宮殿までは基壇上に建つ中国風の宮殿で床下暖房施設はなかった。それに対して生活空間では高句麗以来の伝統的な床下暖房を設けていたのである。

日本の場合と同様に、表向きは中国風に整えながらも内実は独自のスタイルを守っていたということになろう。

さらに第三号と第四号宮殿が廊によって連結している点も注目される。というのは唐の代宗は大暦一四年（七七九）、「紫宸之内殿」で崩御しているのである（『旧唐書』巻一一、本紀一一、大暦一四年五月辛酉条）。この代宗が亡くなった紫宸の内殿とは何なのか。紫宸殿とは書いていないのである。唐の宮殿は巨大で内部もいくつかの空間に分割されている場合もあるから、紫宸殿の内部に内殿と称される空間があった可能性もある。一方で上京龍泉府が長安城を真似していたとすると、第三号宮殿と連結している第四号宮殿が内殿に相当するという可能性も考えられよう。つまり、上京龍泉府の遺構から本来の長安城の形を類推できるかもしれない。そうすると紫宸殿の北に廊で連結した内殿があり、そこが唐の皇帝が生活していた空間であったと推測することもできよう。しかし、紫宸殿周辺の調査が進んで、その遺構が具体的に明らかにされなければならない。

皇城

宮城の南には皇城が配置されていた。宮城と皇城の間には東西に通る横街があり、幅が約九二メートルあった。皇城の中央を広大な南北道路が貫通しており、東西二ブロックに分かれている。このような皇城の形態も唐長安城の皇城を模倣したものであった。

皇城南辺中央には正門跡が見つかっている。皇城南門は東西約三〇メートル、南北約一一メートルの規模で、内部に三本の門道が通っていた。また、皇城内でも建物遺構が確認されていて、渤海の役所と推定されるが、具体的にはどのような官衙かはわかっていない。

外郭城

外郭城は先述のように横長の長方形で、城壁で囲まれていた。城壁は土を主体に石で築かれていて、三メートルくらいの高さが残っているところもある。外郭城城門は南辺に三つ、東西各辺に二つ、北辺に三つの合計一〇門が置かれていた。外郭城の内側は南北方向と東西方向の道路によって区画されていた。全体の中軸線となる南北の大路は、長安城の朱雀門街に相当し、幅は約一一〇メートルの巨大な道路であった。区画された坊は厚さが約一メートル程の牆壁によって囲まれていた。各坊の中は十字形の道路や一本の直線道路によってさらに分割されていた。

外郭城内には寺院跡も何ヵ所か見つかっていて、渤海における仏教受容の様子がうかがえる。現在も高さ約六メートルの石灯籠が残っている。

上京の造営プロセス

上京龍泉府はこれまで紹介してきたように、宮城の他に皇城があり、外郭城を備えた、唐長安城をモデルとした都城であった。このような姿ができるまでのプロセスについては、大きく二つの見方が提起されている。

一つは段階的に造営されたとする劉暁東・魏存成両氏の説である（劉暁東・魏存成「渤

海上京主体格局的演変」〈『北方文物』一九九一年第二期、一九九一年〉）。それによると三段階の造営過程があったとされる。第一期は大欽茂時代で、宮城部分のみが造営された。第二期は大華璵と大嵩璘の時代の八世紀末から九世紀初めで、ここで皇城を含めた内城部分が造営された。最後の第三期は大仁秀《じんしゅう》と大彝震《いしん》の時代の九世紀前半から半ばにかけてにあたり、この段階で外郭城も含めた全体が完成したとされる。

劉・魏両氏の説は、西古城と後に触れる八連城との比較から想定された理解である。これに対して慎重な意見がすでに提示されていて、まだ課題がある。逆に段階的に造営されたという理解に反対する井上和人氏の説も存在する。

井上氏は、上京龍泉府造営の基本尺の分析を通してみた場合、劉・魏両氏の説の三段階はいずれも同一の尺度で設定されているという。つまり、それほど時間差なく設定されたものと指摘された（井上和人「渤海上京龍泉府形制新考」〈同『日本古代都城制の研究』吉川弘文館、二〇〇八年〉）。井上氏の造営尺の分析から見た理解は説得力があるものの、今後の調査の進展によって施工時期に差があるのか、ほぼ同時なのかが明らかにされることが必要であろう。

平城京と上京

井上氏は造営基準尺の検討から、さらに興味深い事実を明らかにされた。すなわち、上京龍泉府と平城京には共通点があるというのである。平城京も上京龍泉府も一八〇〇尺方格を基本に設計されており、さらに条坊道路が等間隔の方眼線上に設定されるという割り付け方法まで共通しているという。平城京遷都は七一〇年で上京遷都より約半世紀先行している。平城京が上京龍泉府造営に参考となった可能性があるという。

この指摘は日本と渤海の関係を考える上でも注目されるが、上京全体は唐長安城を強く意識していたことも一方で事実である。都城造営における影響関係は、さまざまな角度から検討していく必要があろう。

東京遷都　大欽茂は唐の貞元年間（七八五～八〇五）にまた都を遷した。上京龍泉府から東京龍原府に遷都したのである（『新唐書』渤海伝）。東京龍原府は八連城（中国吉林省琿春市）がその遺跡であると考えられている。

欽茂が上京から東京に都を遷した理由を語る資料は残念ながら残っていない。しかし、濱田耕策氏は、上京において相次いで欽茂の近親者が亡くなっていることから、不幸に襲われた上京を避ける意味もあったのではないかと推論されている（濱田耕策前掲書）。

一方、酒寄雅志氏は別の角度からこの問題に迫られている。すなわち、東京は海よりに位置しており、『新唐書』渤海伝では東京の東南方向へ日本道が通じていると記されている。また、沿海州地方にも通じていることから、東京龍原府遷都は日本への通交と率賓府・沿海州地方への進出を企図したものと推測されている（酒寄雅志「渤海の王都と領域支配」〈同『渤海と古代の日本』校倉書房、二〇〇一年〉）。つまり、渤海の支配領域拡大と国際関係といった視点に注目されたのである。確かに遷都という事業は現実的な問題であり、こうした点も遷都を行った理由の一つと考えられよう。

八連城

八連城はかつては半拉城《はんらじょう》とも呼ばれていたが、東京龍原府の遺址と考えられている。遺構は内城と外城とからなっている。外城は東西が約七〇〇メー
トル、南北が約七四〇メートルの長方形で、内城は東西が約二一八メートル、南北が約三一八メートルの長方形を呈している（図40）。城壁は外城・内城とも土築である。

内城の南辺の城壁は途中から内側に折れ、その中央の南門跡が見つかっている。この南門を入ると広場があり、その北に第一宮殿がある。これが正殿と考えられ、礎石建ち瓦葺き建物である。

第一宮殿の北には第二宮殿があり、両者は廊によって結ばれていた。第二宮殿の東西に回廊が延びて、それぞれ第三宮殿（東側）、第四宮殿（西側）が配置されていた。そして、これらには床下暖房施設が備えられていた。つまり、生活空間の寝殿と理解できる。

以上のような宮殿群の構成は、先に紹介した西古城と共通し、上京龍泉府の第三・四号宮殿を中心とする一郭とも通じる形態と考えられる。このことから、このような正殿と寝

殿が廊で連結され、寝殿に床下暖房施設が設けられるという宮殿スタイルは、渤海の王宮の基本的な形であったと捉えられよう。また、八連城周辺には寺院跡が点在しており、渤海と仏教との密接な関係がうかがえる。

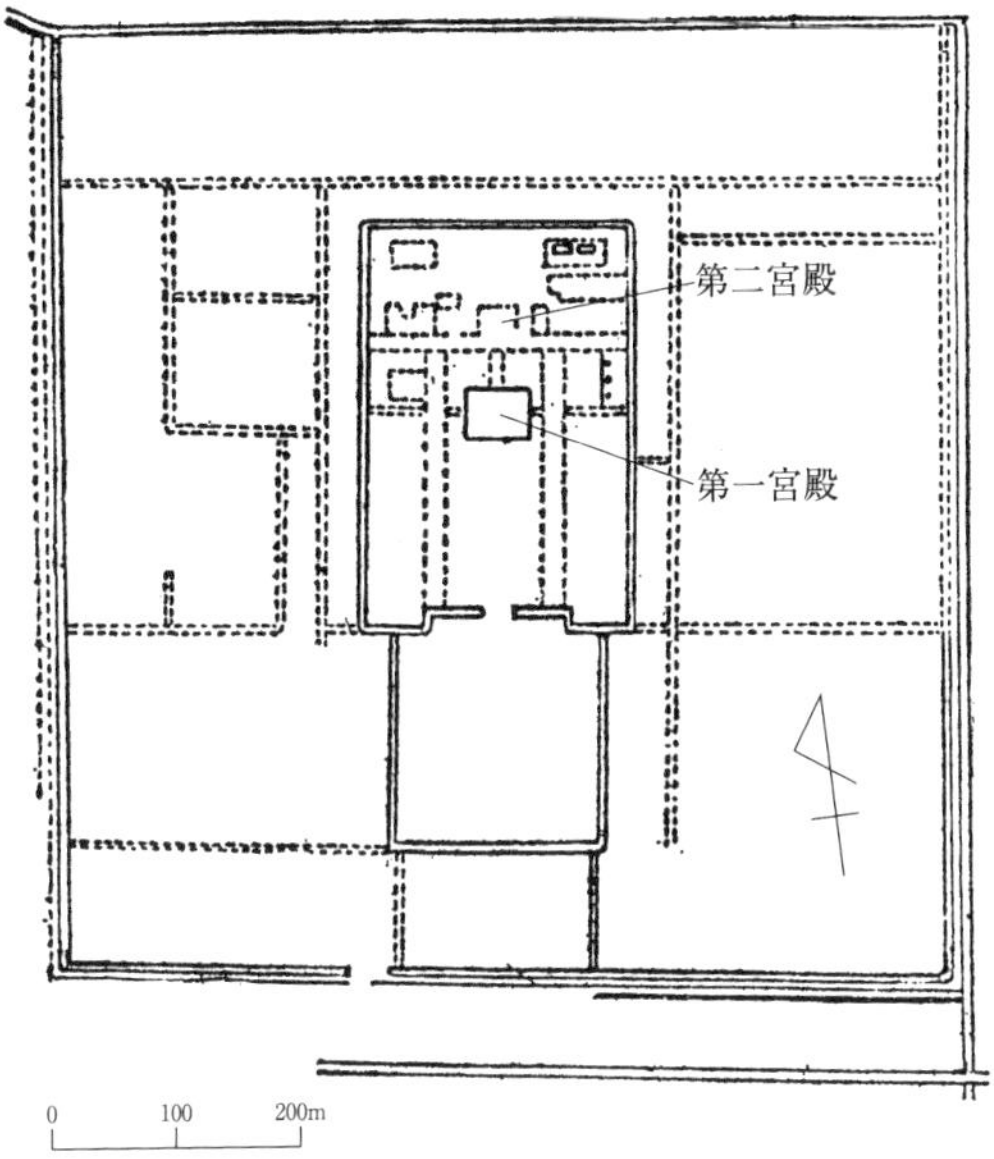

図40　八　連　城
（朱栄憲『渤海文化』〈雄山閣出版，1979〉所収．一部改変）

外郭城の存否

上京龍泉府には方格の町割りを行った外郭城が存在した。それに対して西古城と八連城については宮城を中心とした部分の遺構が明瞭に残っているものの外郭城の存在に関してはよくわかっていない。

しかし、戦前から斎藤優氏によって、すでに両者にも外郭城があったとする復元案が提示されていた。近年は小方登氏が、衛星写真を利用した検討によって、両城の外郭城復元が試みられている（小方登「衛星写真を利用した渤海都城プランの研究」〈『人文地理』五二―二、二〇〇〇年〉）。小方氏によると、西古城については東西約三㌔、南北約二・五㌔の条坊区画が復元できるという。八連城についても、仮に朱雀大路と二条大路と呼んでいる大路が比較的明瞭である一方、全体の造営は未完成に終わったとされる。つまり、完成前に上京龍泉府に還都したということになる。

以上のように、中京の西古城と東京の八連城にも外郭城が伴っていた蓋然性は高いものと思われる。しかし、発掘調査などによって確認していく必要はあろう。

中朝・外朝の存否

西古城と八連城は、正殿と寝殿が中枢宮殿となっている。これは上京では第三・四号宮殿の内朝に相当する。それでは上京の外朝の第一号宮殿と中朝の第二号宮殿に当たる宮殿はなかったのであろうか。現状では西古城も八連城もそのような遺構は残っていないようである。つまり、中朝・外朝部分は存在しなかった可能性が高い。上京の第一・二号宮殿の巨大な基壇を考えると、そのような基壇の跡が全く残っていない以上、その存在を考えることは難しい。

だが、西古城も八連城も南半部分に広場に相当しそうな空間があり、朝庭と見られなくもない。とするならそこに中朝や外朝の正殿があったと仮定することもできるかもしれない。こうした点も課題として残っている。

盛国の都

渤海という国は自国の歴史を自らまとめて残すこともなく、また後継王朝によって歴史書が編纂されることもなかった。そのためにその実態は摑みにくい。しかし、ここに紹介した上京・中京・東京についてはそれぞれに遺構の残りも良く、調査研究の蓄積が豊かである。本書ではその一端しか紹介できなかった。

西古城・上京・八連城ともに共通しているのは、正殿と寝殿が廊で結ばれている一郭であった。これが渤海の王宮の基礎的なパーツと考えられよう。ここで問題となるのは最初の都旧国ではどうであったかである。もし旧国でも同様であったとすると、渤海初期から一貫していたことになり、そのオリジナリティーの淵源が注目される。場合によっては高句麗まで遡ることも視野に入れる必要があろう。

また、上京ではその一郭の南に中朝と外朝が付加され、外郭城・皇城も含めて唐長安城を強く意識していたことがうかがえる。造営した大欽茂の時代に、渤海が唐に対して接近政策を推進していたことと関係があろう。しかし、寝殿一郭には伝統的な床下暖房施設を設けていた。つまり、中国的儀礼空間を整えている一方で、生活空間には独自のスタイルを温存していたのである。まさに舞台の表側は中国風だが、舞台裏では伝統的なスタイルを守っていたのである。

それぞれの都――エピローグ

古代東アジアの都

古代東アジア世界において、中国は大きな存在であった。何らかの形で中国とは関係を持っていたし、常に意識されてきた。都についても同様のことが言える。日本でも子供の頃から奈良や京都は中国の長安を真似したのだと教えられてきた。しかし、ここまで見てきたように事態はそれほど簡単ではなかった。

朝鮮三国を見てみると、まず高句麗では平地の居城と逃げ込み城の山城のセットがオリジナルなスタイルであった。卒本・国内城・前期平壌城までは伝統的な形態であった。そして、最後の長安城（後期平壌城）で碁盤目状の町割りを持つにいたった。だが、それは方形ではなく中国の都城の外観とはだいぶ異なっていた。

百済でも漢城・熊津《ゆうしん》ともに土城や山城を主体とする独自の形態であった。そして、最後の泗沘《しひ》城で山城の麓に王宮が作られ、中国的な様相を見せることになる。だが、これもやはり中国の都城そのままとは言えなかった。高句麗も百済も最終段階で中国の都を意識していたが、中途半端な段階で滅亡してしまった。

新羅は逆に遷都をせず、本拠地慶州から離れないばかりか、月城を最後まで維持していた。月城の北方に碁盤目状の町割りを作るものの、日本のように遷都して中国風の都城を新造することはなかったのである。

日本と渤海

それに対して日本と渤海は、唐長安城をモデルに都城建設を行っていった。日本は飛鳥盆地から藤原京を経て平城京へと遷都し、唐長安城をモデルに都を造営した。しかし、そのまま模倣したわけではなく、羅城も一部しか作らなかったし、坊を囲む垣牆《えんしょう》も朱雀大路《すざくおおじ》に沿う地区にしか作らなかった。また、天皇が住む内裏は瓦葺きではなく檜皮葺《ひわだぶ》きで中国風の宮殿様式ではなかった。唐長安城の全てをそのまま受け入れたわけではなかったのである。

渤海の場合は、日本よりもかなり忠実に唐長安城を模倣していた。上京龍泉府は全体が横長の長方形で、外郭城や坊を囲む城壁も作られ、皇城もあった。さらに三朝制の宮殿群も備えていた。しかし、中国風の面貌の裏では床下暖房施設を備えた生活空間があり、やはり独自性を保持していたのである。

究極の都

逆に中国の都を振り返ってみよう。そうすると隋唐長安城の画期的な面が見えてくる。つまり、隋唐以前の都は確かに紀元前から巨大な宮殿群を持ち、外郭を城壁で囲んでおり、すでに基本的な要素を兼ね備えていた。しかし、全体の形はきれいに整ってはいなかったし、宮殿スタイルも変遷があった。それが隋の大興城で、全体を長方形に整え、宮城とは別に官庁街を集めた皇城を独立させ、居住区も碁盤目状にして牆壁で囲んだ。同時に宮殿も三朝制によって壮大な儀礼空間として整備した。まさに高度に合理化され規格化された都であった。その意味で隋唐長安城はそれ以前とは全く異なった都と言えよう。

それは南北朝の長い分裂時代を終結させ、国内はもちろん、諸民族や諸外国に対しても新帝国の普遍的な権威と圧倒的な力を示すために考え抜かれた都であった。人間の思考の中から生み出された創造物であり、言いかえれば究極の帝国の都であった。まさにそれ以前とは隔絶した帝国型都城ということができる。

隋唐長安城はまさしく帝国型都城の究極のモデルを提示したことになり、言ってみればグローバル・スタンダードを示したことを意味していた。

都を真似する

この衝撃を高句麗と百済は十分模倣できないうちに滅亡し、新羅は逆に月城に固執して新しく都を造営することはなかった。日本と渤海《ぼっかい》はかなり真似をしたが、核心部分では独自性を温存していた。つまり、隋唐長安城を完全に模倣してはおらず、それぞれの国が取捨選択をしていたのである。その取捨選択のあり方が重要であろう。

都を真似するということは具体的にはそのモデルと同じような形を作るということである。しかし、それはこの場合、話が逆のように思われる。隋唐長安城が究極の帝国型都城とすると、それは王朝の普遍性を示すための舞台装置であった。つまり、政治思想や統治理念に裏づけられた形なのである。逆に言えば形を真似する場合、背景にある統治理念を抜きには考えにくいのである。

日本の場合、蝦夷や南島人、さらに新羅・渤海から朝貢を受ける国家であると自らを位置づけていた。まさに帝国型国家を意識していた。平城京も大極殿や朱雀大路という国家の顔に当たる部分は中国風の装いに作っていた。日本では外交や服属儀礼に直接関わる部分に力を入れて都作りをしていたのである。日本には帝国型都城のエッセンスが必要であった。そのために大和朝廷の本拠地である飛鳥から出て、新しい都を次々と作っていった。渤海も諸部族を支配下に置いていたことから帝国型都城が必要だったのかもしれない。同時に唐との密接な関係を保持していくことも必須であり、日本以上に唐長安城を意識した都を作った。それに対して新羅は、滅亡するまで慶州から離れることはなかった。宮殿は三朝制、あるいは中国風の宮殿スタイルを取り入れていたと推測できるが、都全体については、遷都してまで整えようとはしなかった。新羅にとって、そこまでの必要性がなかったということであろうか。

都を真似するというのは、単にその形を模倣するだけではなく、その背景にある統治理念をどのように理解し、どこまでをどう受け入れるかということなのである。ここに歴史的真実が隠れていると言えよう。

あとがき

ようやく古代東アジアの都を巡る旅も終焉を迎えることができた。思い返すと、本書執筆の機縁は、二〇〇八年、吉川弘文館の一寸木紀夫氏からの電子メールだった。古代東アジアの都城について、一般の読者向けに書けないものでしょうか、とのご趣旨だった。基本的に頼まれると断れない性格なので、ついうっかり引き受けてしまったが、いざいろいろ構想を考えはじめると、それぞれの国の都城について専門家がおり、私一人で書くことができるのだろうか、という疑念が生じてきた。それぞれに分担執筆していただくのが適切なのではないかという気がしてきたのである。しかし、引き受けてしまった以上、お断りもできず、ようやくここまでたどり着くことができた。恐らく専門とされている方々から見ると、不十分な内容かとは思うが、せめて読者の古代都城巡りのガイドブックにでもなれたならば望外の喜びである。ぜひ興味を持った都で途中下車して、さらに専門的な本を手に取られたい。

続いて困ったのは、参考文献である。本書は、古代東アジア諸国の都城全般を扱う上、研究史の蓄積も膨大で、本来ならすべてを参考文献としてあげたいところだが、本書の性格上、絞り込まざるを得なかった。掲載したもの以外にも、たくさんの先行研究の恩恵の上に本書がなっていることを記して先学の学恩に報いたい。

さて、本書では古代東アジア諸国の都城の歴史を眺めてきた。しかし、まだまだわからないことばかりである。文献史料も限られ、その史料の解釈も意外とすっきりとはいかない。一方で発掘調査も進んで、多くの成果が上がっている。文献だけで考えていたことと、うまく合致することもあれば矛盾することもある。だが、だからこそおもしろい。そして、都はその国家の統治理念や政治思想を反映していることもある。古代都城の研究から、そうした問題にもアプローチできるかもしれない。本書を通して、古代の都に少しでも興味を抱いてくれたなら幸いである。

本書がなるにあたっては、多くの先学の恩恵にあずかっている。疎漏を恐れて一々お名前はあげないが、東北大学在学中からご指導いただいている今泉隆雄先生には、ここに記して心より感謝申し上げたい。先生のご指導がなければ、本書を執筆するようなことはなかったであろう。

以前、ゼミ生たちと撮った写真を見てゼミ生から、私の体は背景が透けて見える気がする、と指摘されたことがある。蓋し至言である。私は性格もいい加減だが、その存在自体もいい加減なようである。そのような者に執筆の機会を与えてくれた吉川弘文館の一寸木紀夫氏と並木隆氏にもお礼を申し上げる。

最後に私事ではあるが、親不孝な私を今も故郷で見守ってくれている父栄治に感謝したい。さらに、身勝手な私と歩をともにしてくれる妻奈津子にもそっと謝意を表したい。

二〇一〇年一〇月

紅葉に向かう山々に守られた研究室にて

吉　田　歓

参考文献

佐藤武敏『長安』近藤出版社、一九七一年
上田正昭編『日本古代文化の探求　都城』社会思想社、一九七六年
駒井和愛『中国都城・渤海研究』雄山閣、一九七七年
岸　俊男『日本古代宮都の研究』岩波書店、一九八八年
森浩一監修、東潮・田中俊明編著『韓国の古代遺跡1新羅篇（慶州）』中央公論社、一九八八年
森浩一監修、東潮・田中俊明編著『韓国の古代遺跡2百済・伽耶篇』中央公論社、一九八九年
今泉隆雄『古代宮都の研究』吉川弘文館、一九九三年
岸　俊男『日本の古代宮都』岩波書店、一九九三年
中尾芳治『難波宮の研究』吉川弘文館、一九九五年
森浩一監修、東潮・田中俊明編著『高句麗の歴史と遺跡』中央公論社、一九九五年
朱国忱・魏国忠著・佐伯有清監訳・濱田耕策訳『渤海史』東方書店、一九九六年
亀田　博『日韓古代宮都の研究』学生社、二〇〇〇年
濱田耕策『渤海国興亡史』吉川弘文館、二〇〇〇年
妹尾達彦『長安の都市計画』講談社、二〇〇一年
山中　章『長岡京研究序説』塙書房、二〇〇一年

吉田　歓『日中宮城の比較研究』吉川弘文館、二〇〇二年
小澤　毅『日本古代宮都構造の研究』青木書店、二〇〇三年
渡辺信一郎『中国古代の王権と天下秩序』校倉書房、二〇〇三年
松本保宣『唐王朝の宮城と御前会議』晃洋書房、二〇〇六年
中尾芳治・佐藤興治・小笠原好彦編著『古代日本と朝鮮の都城』ミネルヴァ書房、二〇〇七年
井上和人『日本古代都城制の研究—藤原京・平城京の史的意義—』吉川弘文館、二〇〇八年
林部　均『飛鳥の宮と藤原京　よみがえる古代王宮』吉川弘文館、二〇〇八年
植木　久『難波宮跡』同成社、二〇〇九年
妹尾達彦編『都市と環境の歴史学第2集　特集国際シンポジウム東アジアの都市史と環境史』二〇〇九年

著者紹介

一九六五年、横浜市に生まれる

一九九八年、東北大学大学院文学研究科博士課程修了

現在、山形県立米沢女子短期大学日本史学科教授、博士（文学）

主要著書

日中宮城の比較研究

歴史文化ライブラリー

313

古代の都はどうつくられたか

中国・日本・朝鮮・渤海

二〇一一年（平成二十三）二月一日　第一刷発行

著　者　吉《よし》田《だ》歓《かん》

発行者　前田求恭

発行所　株式会社　吉川弘文館

東京都文京区本郷七丁目二番八号

郵便番号一一三―〇〇三三

電話〇三―三八一三―九一五一〈代表〉

振替口座〇〇一〇〇―五―二四四

http://www.yoshikawa-k.co.jp/

印刷＝株式会社平文社

製本＝ナショナル製本協同組合

装幀＝清水良洋・黒瀬章夫

ISBN978-4-642-05713-4

歴史文化ライブラリー

1996.10

刊行のことば

現今の日本および国際社会は、さまざまな面で大変動の時代を迎えておりますが、近づきつつある二十一世紀は人類史の到達点として、物質的な繁栄のみならず文化や自然・社会環境を謳歌できる平和な社会でなければなりません。しかしながら高度成長・技術革新にともなう急激な変貌は「自己本位な刹那主義」の風潮を生みだし、先人が築いてきた歴史や文化に学ぶ余裕もなく、いまだ明るい人類の将来が展望できていないようにも見えます。このような状況を踏まえ、よりよい二十一世紀社会を築くために、人類誕生から現在に至る「人類の遺産・教訓」としてのあらゆる分野の歴史と文化を「歴史文化ライブラリー」として刊行することといたしました。

小社は、安政四年（一八五七）の創業以来、一貫して歴史学を中心とした専門出版社として書籍を刊行しつづけてまいりました。その経験を生かし、学問成果にもとづいた本叢書を刊行し社会的要請に応えて行きたいと考えております。

現代は、マスメディアが発達した高度情報化社会といわれますが、私どもはあくまでも活字を主体とした出版こそ、ものの本質を考える基礎と信じ、本叢書をとおして社会に訴えてまいりたいと思います。これから生まれでる一冊一冊が、それぞれの読者を知的冒険の旅へと誘い、希望に満ちた人類の未来を構築する糧となれば幸いです。

吉川弘文館